Ciencias Naturales

TERCER GRADO

Ciencias Naturales. Tercer grado fue desarrollado por la Dirección General de Materiales Educativos (DGME) de la Subsecretaría de Educación Básica, Secretaría de Educación Pública.

Coordinación técnico-pedagógica
Dirección de Desarrollo e Innovación de Materiales Educativos, DGME/SEP
María Cristina Martínez Mercado, Ana Lilia Romero Vázquez, Alexis González Dulzaides

Autores
Nelly del Pilar Cervera Cobos, Gustavo David Huesca Guillén, Luz María Luna Martínez, Luis Tonatiuh Martínez Aroche, Adolfo Portilla González, Juana Guadalupe Rodríguez Arteaga, Antonio Solís Lugo

Colaboración
Humberto Torres Melchor

Revisión técnico-pedagógica
Óscar Osorio Beristain, Denysse Itzala Linares Reyes, Daniela Aseret Ortiz Martinez

Asesores
Lourdes Amaro Moreno
Leticia María de los Ángeles González Arredondo
Óscar Palacios Ceballos

Coordinación editorial
Dirección Editorial, DGME/SEP
Alejandro Portilla de Buen, Pablo Martínez Lozada, Esther Pérez Guzmán

Cuidado editorial
Sergio Campos Peláez

Producción editorial
Martín Aguilar Gallegos

Formación
Magali Gallegos Vázquez

Portada
Diseño de colección: Carlos Palleiro
Ilustración de portada: Margarita Sada

Servicios editoriales
Petra Ediciones, S.A. de C.V.

Coordinación, dirección de arte, diseño y diagramación
Peggy Espinosa

Producción y cuidado de la edición
Diana Elena Mata Villafuerte

Asesoría científica y asistencia editorial
Arturo Curiel Ballesteros, Eduardo Elías Ortiz Espinosa

Corrección de estilo
Sofía Rodríguez Benítez

Análisis de archivos digitales
Víctor Alain Iváñez

Ilustración
Manuel Marín (pp. 8-9, 11, 24, 25, 62, 63, 64, 65, 82, 90, 94-96); Jimmar Vásquez (pp. 12, 14, 15, 17, 61, 66, 67, 81, 86, 96, 97, 110, 115, 116, 125, 133, 134); Ianna Andréadis (pp. 12, 35, 36, 37, 55, 56); Magali Gallegos Vázquez (p. 35); Sara Arámburo (pp. 19, 20, 50, 106, 133); Diana Mata (pp. 13, 21, 28 29, 30, 32, 34); Fernando Guillén (pp. 46-47, 54, 55, 58, 59); Archivo iconográfico DGME-SEP (p. 135).

Primera edición, 2010
Segunda edición, 2011
Segunda reimpresión, 2012 (ciclo escolar 2013-2014)

D.R. © Secretaría de Educación Pública, 2011
Argentina 28, Centro,
06020, México, D. F.

ISBN: 978-607-469-690-5

Impreso en México
DISTRIBUCIÓN GRATUITA-PROHIBIDA SU VENTA

Agradecimientos

La Secretaría de Educación Pública agradece a los más de 23 284 maestros y maestras, a las autoridades educativas de todo el país, al Sindicato Nacional de Trabajadores de la Educación, a expertos académicos, a los Coordinadores Estatales de Asesoría y Seguimiento para la Articulación de la Educación Básica, a los Coordinadores Estatales de Asesoría y Seguimiento para la Reforma de la Educación Primaria, a monitores, asesores y docentes de escuelas normales, por colaborar en la revisión de las diferentes versiones de los libros de texto llevada a cabo durante las Jornadas Nacionales y Estatales de Exploración de los Materiales Educativos y las Reuniones Regionales, realizadas en 2009 y 2010. Así como a la Dirección General de Desarrollo Curricular, Dirección General de Educación Indígena, Dirección General de Desarrollo de la Gestión e Innovación Educativa.

La SEP extiende un especial agradecimiento a la Organización de Estados Iberoamericanos para la Educación, la Ciencia y la Cultura (OEI), por su participación en el desarrollo de esta edición.

También agradece el apoyo de las siguientes instituciones: Universidad Nacional Autónoma de México, Centro de Educación y Capacitación para el Desarrollo Sustentable de la Secretaría del Medio Ambiente y Recursos Naturales, Secretaría del Trabajo y Previsión Social, Ministerio de Educación de la República de Cuba. Asimismo, la Secretaría de Educación Pública extiende su agradecimiento a todas aquellas personas e instituciones que, de manera directa e indirecta, contribuyeron a la realización del presente libro de texto.

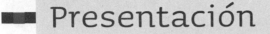# Presentación

La Secretaría de Educación Pública, en el marco de la Reforma Integral de la Educación Básica, plantea una propuesta conformada por libros de texto que a partir de un nuevo enfoque hace énfasis en la participación de los alumnos para el desarrollo de las competencias básicas para la vida y el trabajo. Este enfoque incorpora como apoyo Tecnologías de la Información y Comunicación (TIC), materiales y equipamientos audiovisuales e informáticos que, junto con las bibliotecas de aula y escolares, enriquecen el conocimiento en las escuelas mexicanas.

Este libro de texto, que incluye estrategias innovadoras para el trabajo escolar, demanda competencias docentes orientadas al aprovechamiento de distintas fuentes de información, el uso intensivo de la tecnología, la comprensión de las herramientas y de los lenguajes que niños y jóvenes utilizan en la sociedad del conocimiento. Al mismo tiempo se busca que los estudiantes adquieran habilidades para aprender de manera autónoma, y que los padres de familia valoren y acompañen el cambio hacia la escuela mexicana del futuro.

Su elaboración es el resultado de una serie de acciones de colaboración, como la Alianza por la Calidad de la Educación, así como con múltiples actores entre los que destacan asociaciones de padres de familia, investigadores del campo de la educación, organismos evaluadores, maestros y expertos en diversas disciplinas. Ellos han nutrido el contenido del libro desde distintas plataformas y a través de su experiencia. A todos, la Secretaría de Educación Pública les extiende un sentido agradecimiento por el compromiso demostrado con cada niño residente en el territorio nacional y con aquellos mexicanos que se encuentran fuera de él.

Secretaría de Educación Pública

Conoce tu libro

En este libro se explica cómo los seres humanos forman parte de la Naturaleza y por qué es necesario que ésta se conozca y respete, pero sobre todo, que el individuo sea consciente de su participación dentro de ella y tome decisiones libres, responsables e informadas.

El libro está organizado en cinco bloques, cada uno contiene temas en los que encontrarás información que te servirá como base para que realices tus actividades. Los temas incluyen varias secciones o apartados:

Aprendizajes esperados
Texto que te indica el conocimiento que aprenderás durante el tema.

Actividades
Con su ayuda realizarás investigaciones y proyectos colectivos para desarrollar habilidades científicas que te permitan comprender tu ambiente y sus problemas, para que puedas proponer y participar en acciones que mejoren el trabajo en equipo.

Título del tema que te indica el contenido que guía las actividades a realizar.

Proyecto
Actividad en la que pondrás en práctica las habilidades y conocimientos adquiridos durante el desarrollo de los temas.

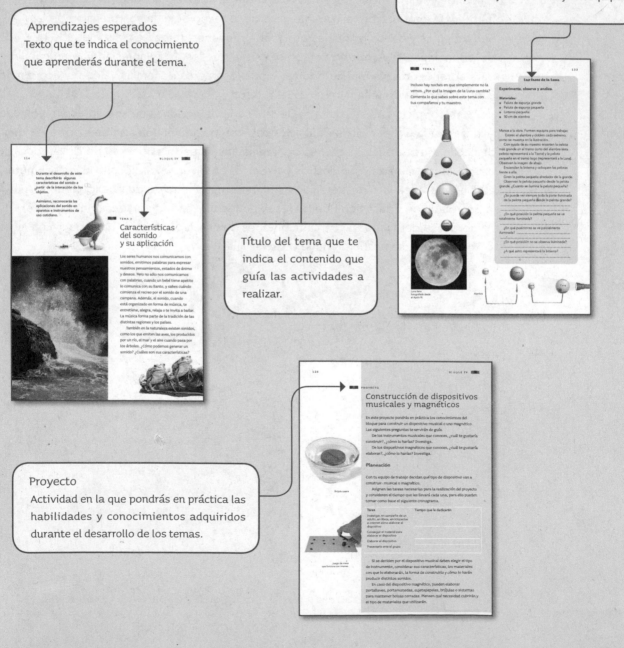

Conoce tu libro

Al final de cada bloque aparecen una Evaluación y una Autoevaluación. En ellas valorarás qué has aprendido, reflexionarás sobre la utilidad de tu aprendizaje y acerca de los aspectos que necesitas mejorar.

Además, tu libro presenta las siguientes secciones:

Un dato interesante
Te presenta información adicional sobre el tema.

La ciencia y sus vínculos
Sección que relaciona tu aprendizaje en torno a la ciencia con conocimientos de otras asignaturas.

Consulta en...
Te proporciona la dirección de páginas electrónicas y datos de libros de la Biblioteca Escolar para que puedas ampliar tus conocimientos acerca del tema. Te sugerimos que cuando consultes en internet, lo hagas en compañía de un adulto.

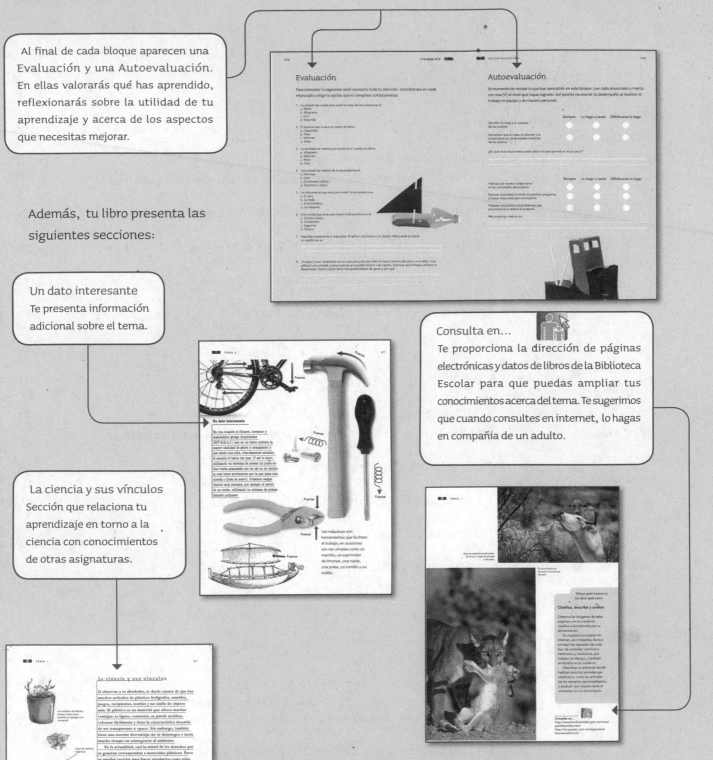

Para complementar lo anterior, a lo largo del curso debes integrar:

Portafolio de ciencias: carpeta para conservar los trabajos que realizarás a lo largo del bloque de tal forma que te sirvan de material de apoyo para el diseño y presentación de tus proyectos.

Mi diccionario de ciencias: Así se rotula un apartado de tu cuaderno donde anotarás los significados de las palabras que desconozcas, te resulten interesantes o sean importantes para definir un tema.

Índice

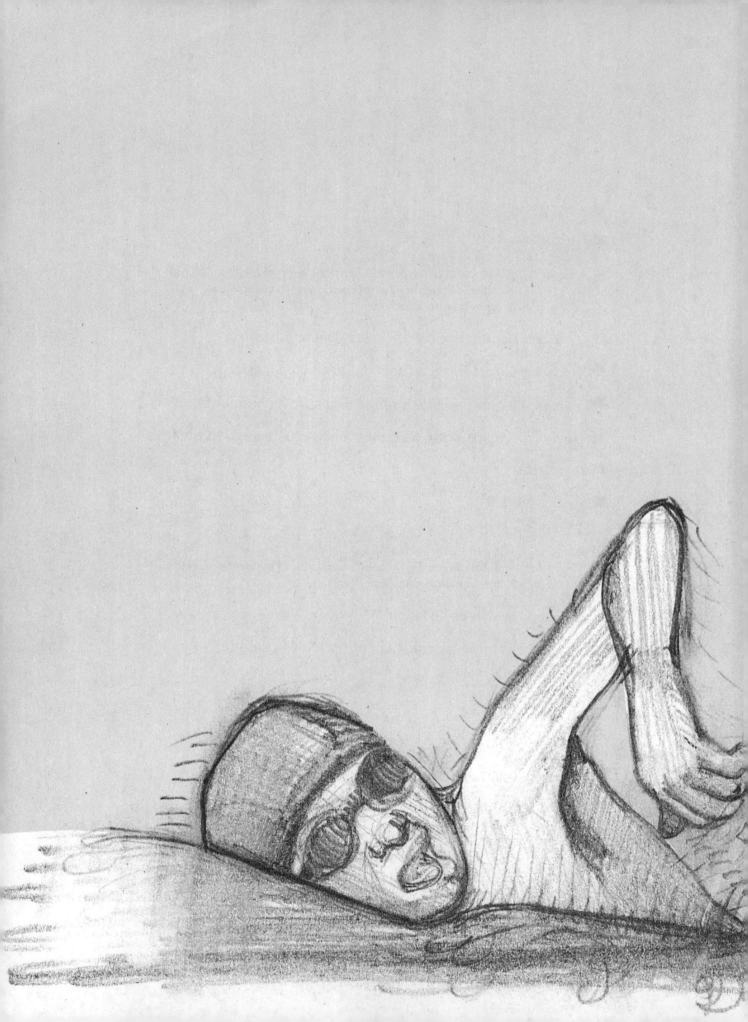

¿Cómo mantener la salud?

ÁMBITOS:
- EL AMBIENTE Y LA SALUD
- LA VIDA
- EL CONOCIMIENTO CIENTÍFICO

Observa detenidamente la imagen. ¿Qué partes del cuerpo humano se relacionan con los sistemas óseo y muscular?

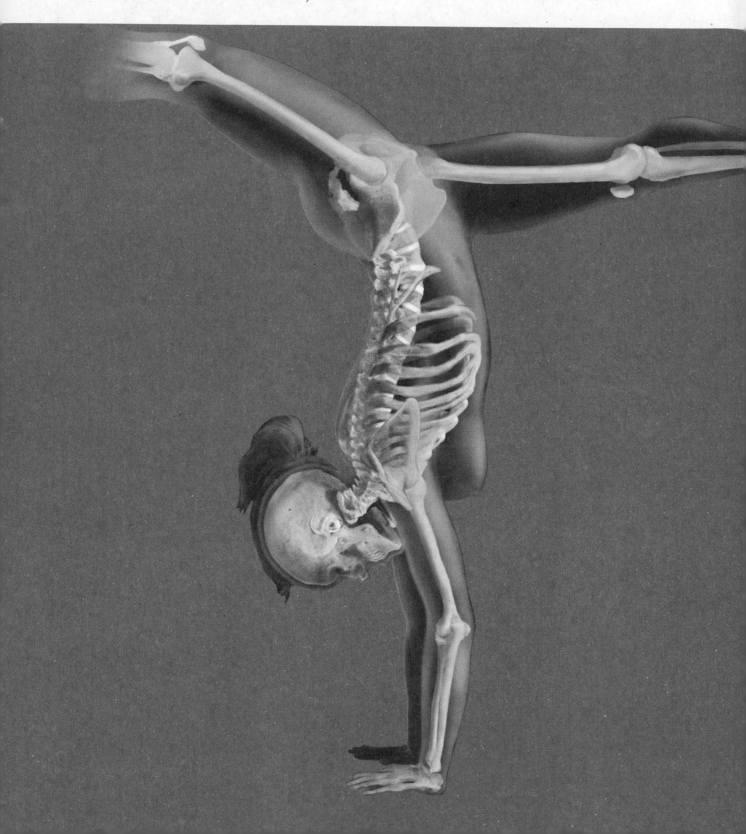

Durante el desarrollo de este tema identificarás la relación que existe entre los sistemas nervioso, óseo y muscular para realizar los movimientos de tu cuerpo.

Asimismo, reconocerás los daños que causan los accidentes en el aparato locomotor y la importancia de llevar a cabo medidas para su prevención y atención.

TEMA 1

Movimientos del cuerpo y prevención de lesiones

El aparato locomotor

En tu vida diaria realizas un gran número de actividades que involucran movimiento corporal. Por ejemplo, cuando juegas basquetbol lanzas el balón con la fuerza necesaria para que un compañero lo reciba o para encestar; en un partido de futbol, al patear el balón puedes imprimirle un efecto para meter gol. También eres capaz de hacer movimientos tan finos como los necesarios para escribir o ensartar un hilo en una aguja. ¿Cómo puede nuestro cuerpo realizar todos estos movimientos? ¿Qué sistemas se involucran cuando sostienes el lápiz con el que escribes? ¿Cómo puedes coordinar dos o más movimientos a la vez, por ejemplo cuando corres y botas un balón?

El sistema óseo

Seguramente has escuchado la palabra esqueleto. ¿Qué te recuerda este término? El esqueleto forma parte del cuerpo de los seres humanos y de algunos animales, como perros, gatos y aves. También los peces tienen esqueleto, del que forman parte las espinas. ¿Conoces las espinas de los pescados?, corresponden a sus costillas. Cuando comes pescado debes ser cuidadoso para evitar tragarte una.

Otros animales carecen de esqueleto, como las lombrices de tierra, los gusanos y los insectos.

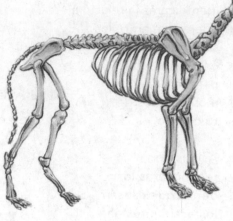

Perro

Pez

Pollo

Algunos animales tienen esqueleto, pero otros, como las mariposas y los gusanos, carecen de él. ¿Cómo se sostienen?

El esqueleto

Reconoce y analiza.

En tu muñeca hay un huesito que sobresale; tócalo.
¿Es duro o blando? _____

Ahora toca los músculos de tu brazo. ¿Son duros o blandos? _____
¿Si no tuvieras huesos podrías sostenerte en pie? ¿Por qué? _____
_____

¿Y podrías sujetar el lápiz con el que escribes o lanzar una pelota? ¿Por qué?
_____

Compara tus respuestas con las de tus compañeros y entre todos concluyan cuál es una de las funciones del esqueleto. Anoten sus conclusiones en el cuaderno.

La caja torácica

Identifica y explica.

Materiales

- Un palo de 1.5 cm de ancho y 10 cm de largo
- Dos palos de 1.5 cm de ancho y 5 cm de largo
- Diez tramos de 20 cm de alambre galvanizado calibre 20
- Papel periódico
- Tres cucharadas de harina
- Un globo pequeño
- Agua
- Un utensilio para calentar

Manos a la obra. Primero, con ayuda de un adulto preparen engrudo. Para ello, disuelvan la harina en un cuarto de taza de agua. En el utensilio calienten una taza de agua; cuando hierva, agreguen la mezcla de agua con harina, revolviendo para evitar que se formen grumos. Cuando la mezcla espese, retírenla del fuego.

Con un lápiz hagan marcas cada dos centímetros de distancia en el palo más largo.

Doblen los tramos de alambre a la mitad. En cada marca del palo coloquen un alambre y enróllenlo por su parte media al palo, como se muestra en el dibujo. Hagan lo mismo con cada alambre.

Sujeten los extremos de los alambres a los palos más cortos para formar una especie de caja torácica.

Recorten el papel periódico en pequeños trozos.

Recubran su modelo con los trozos de periódico mojados en el engrudo; dejen secar aproximadamente 4 horas.

Inflen el globo de manera que puedan introducirlo en su modelo. El globo semejará el corazón o los pulmones.

Con una mano, presionen el globo. Después, introdúzcanlo en su modelo y presionen nuevamente.

¿Qué diferencia notaron al presionar el globo fuera y cuando estaba dentro de la "caja torácica"?

_____

_____

¿Qué sucedería si una persona recibiera un golpe en el pecho y no tuviera los huesos de la caja torácica?

_____

_____

Entre todo el grupo concluyan cuál es la función de los huesos que cubren a los órganos blandos. Escriban sus conclusiones en el cuaderno.

El esqueleto está formado por huesos. Los huesos son las estructuras más duras de nuestro cuerpo. Su dureza permite que el esqueleto sea una estructura que da soporte al cuerpo, además de brindar protección a órganos como el cerebro. Muchos de los movimientos que realizamos, como correr, caminar, saltar o agacharnos, son posibles gracias al soporte que nos dan los huesos.

El esqueleto del ser humano también se forma con cartílago. Identifícalo.

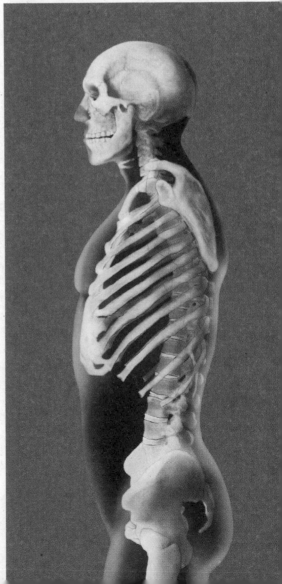

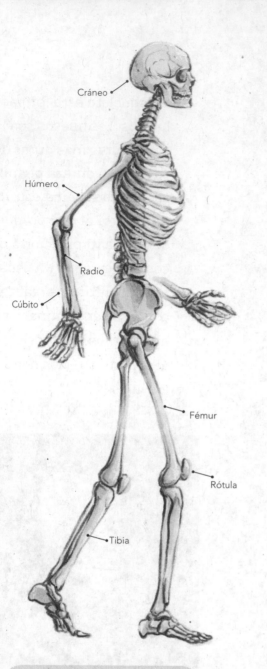

Cráneo

Húmero

Radio

Cúbito

Fémur

Rótula

Tibia

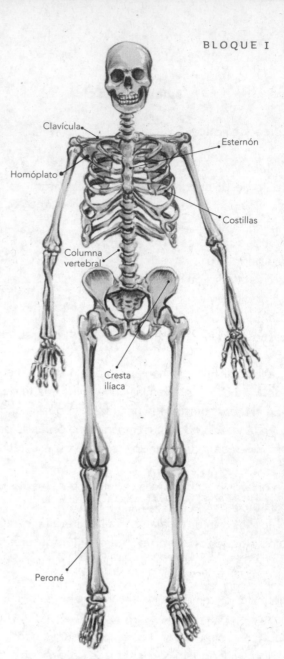

Clavícula

Homóplato

Esternón

Costillas

Columna
vertebral

Cresta
ilíaca

Peroné

La nariz y las orejas

Reconoce e identifica.

Con cuidado toca y flexiona tus orejas y la punta de tu nariz.
¿Cómo es su consistencia? ¿Su dureza es igual a la de un hueso?_____
_____

¿Los huesos se pueden doblar igual que tus orejas? ¿Por qué?
_____
_____
_____

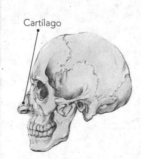

Cartílago

Tus orejas y la punta de tu nariz están formadas por cartílago. Como lo descubriste en la actividad anterior, el cartílago es un tejido flexible y blando, aunque con cierta rigidez. Además de las orejas y la punta de la nariz, también se encuentra en los extremos de algunos huesos; seguramente cuando has comido una pierna de pollo lo has apreciado en los extremos del hueso; es un material blanco y menos duro.

Bebé

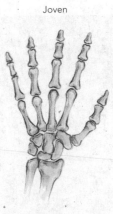

Joven

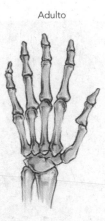

Adulto

Muchas partes del esqueleto de los niños están formadas por cartílago. A medida que el niño crece su esqueleto va creciendo también, y muchos de sus cartílagos se endurecen hasta transformarse en hueso. Casi todos los huesos dejan de crecer cuando la persona es adulta. En el esqueleto del adulto, el cartílago constituye una parte muy pequeña.

Consulta en...
Para profundizar en el tema puedes consultar libros de tu Biblioteca Escolar, enciclopedias y sitios de internet. Pídele a tu profesor que te ayude.

Un dato interesante

El esqueleto de una persona adulta está constituido por 206 huesos, mientras que el de un recién nacido, por 270. Esta diferencia se debe a que a medida que crecemos muchos huesos se unen; por ejemplo, los huesos de la cadera.

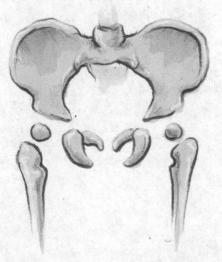

Cadera de un bebé

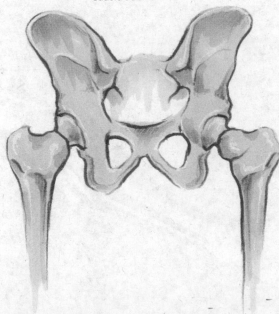

Cadera de un adulto

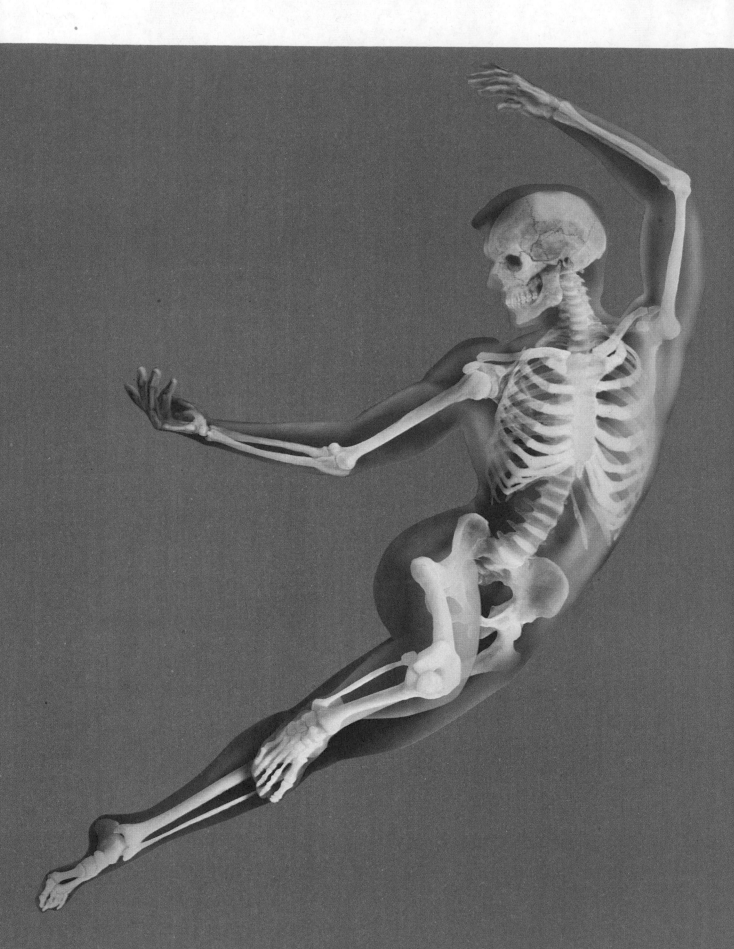

El cuerpo se dobla

Reconoce e identifica.

Realiza varios movimientos con un brazo y toca los puntos donde éste se flexiona: codo, muñeca, hombro; también toca donde se flexionan los dedos.

¿Cuántos puntos del brazo que se pueden flexionar encontraste?_____

Si no tuvieras estos puntos, ¿qué movimientos no podrías realizar?_____

¿En todos estos puntos puedes realizar los mismos movimientos? ¿Por qué?_____

_____

_____

Nuestros puntos flexibles: las articulaciones

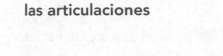
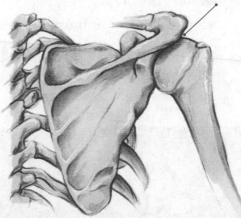

Articulación del hombro

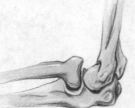

Articulación del codo

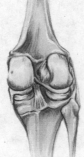

Articulación de la rodilla

Ligamentos de tobillo y pie

Identifica las articulaciones del cuerpo humano. ¿Qué movimientos observas?

Los puntos donde se unen los huesos se conocen como articulaciones. Las articulaciones nos permiten flexionar y girar algunas partes de nuestro cuerpo. ¿Te imaginas cómo caminarías si no tuvieras articulaciones en la cadera?

Por lo general en las articulaciones encontramos ligamentos; seguramente habrás escuchado en las noticias que un deportista tiene una lesión en ellos. Como su nombre lo indica, los ligamentos son como ligas muy resistentes que sirven para unir a los huesos.

Los huesos, articulaciones, cartílagos, y ligamentos forman lo que conocemos como sistema óseo.

El sistema muscular

Los huesos dan rigidez al cuerpo y las articulaciones nos permiten flexionar ciertas partes; pero, además de huesos y articulaciones, para poder movernos también necesitamos de los músculos. Los músculos son fibras que se encogen y estiran, y que recubren casi todo el esqueleto. Cuando un músculo se encoge, se contrae, y cuando se estira, se relaja.

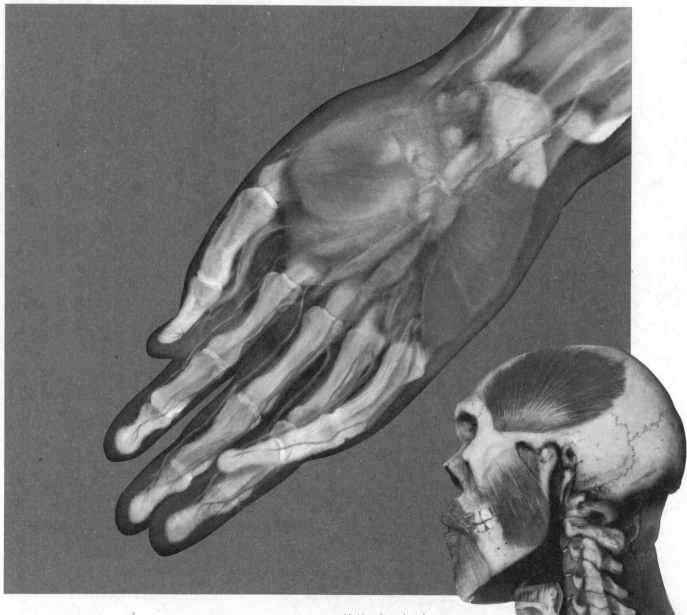

Unión de músculos y huesos en la mano y el cráneo.

Estira y afloja

Identifica y generaliza.

Realicen la siguiente actividad en equipos de tres participantes.

Uno de ustedes deberá extender un brazo a la altura del pecho con el puño cerrado y otro le sujetará el puño con una mano.

El que tiene el brazo extendido intentará flexionarlo para que su puño toque su hombro, mientras que el otro tratará de impedir este movimiento.

Un tercer miembro del equipo identificará los músculos que están en tensión.

Ahora realicen el movimiento contrario: con el brazo flexionado, uno de ustedes intentará extenderlo, mientras que el otro lo impedirá, y el tercer integrante identificará los músculos que están trabajando.

¿Cómo se sienten los músculos mientras hacen esfuerzo?

_____

¿Cómo se sienten los músculos cuando no hacen esfuerzo?

_____

En el movimiento de flexionar y extender el brazo, ¿cuántos músculos trabajan? (Observa la figura de la derecha.)

_____

Realicen otros movimientos, por ejemplo, flexionar y estirar la rodilla, o girar el tronco o el antebrazo de izquierda a derecha, y viceversa. Identifiquen cuántos músculos trabajan en estos movimientos.

De acuerdo con esta experiencia, concluyan entre todo el equipo cuántos músculos, por lo general, participan en la realización de un movimiento. Anoten sus conclusiones en el cuaderno.

Brazo extendido

Bíceps estirado

Tríceps encogido

Brazo flexionado

Tríceps estirado

Bíceps encogido

Músculos involucrados en la extensión y flexión del brazo.

Músculos de la cara y del cuello.

Un dato interesante

Los músculos también nos ayudan a comunicarnos. En la cara tenemos alrededor de 80 músculos. Algunos sirven para mover la boca y la lengua, otros para realizar expresiones faciales, como la sonrisa.

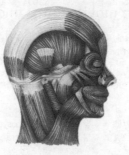

Músculos, huesos y articulaciones trabajan en conjunto y así logran el movimiento del cuerpo humano.

La mayoría de músculos están fijos a los huesos. El estiramiento y el encogimiento de los músculos tira de los huesos y da movimiento a las articulaciones. Para realizar un movimiento o giro, los músculos trabajan en parejas: uno realiza la función contraria del otro, es decir, uno estira o gira una parte del cuerpo y el otro la encoge o realiza el giro inverso. De esta manera, músculos, huesos y articulaciones trabajan conjuntamente para que el cuerpo adopte distintas posiciones y podamos caminar, correr, hacer rutinas gimnásticas y realizar movimientos finos como escribir o mover piezas muy pequeñas. Como puedes darte cuenta, para lograr el movimiento tanto el sistema óseo como el muscular trabajan en conjunto, pero, ¿cómo coordinan ese trabajo?

El sistema nervioso

Analiza.

Hagan espacio dentro del salón y cada quien lance y atrape una moneda; lancen la moneda en diferentes direcciones.

Ahora mantengan el equilibrio sobre un pie durante 30 segundos.

Analicen detenidamente los movimientos que realizaron.

¿Cómo hicieron para atrapar la moneda?
_____
_____

¿Cómo pudieron mantener el equilibrio?
_____
_____

¿Tuvieron que pensar para realizar los movimientos? _____

¿Cuánto tiempo les llevó hacerlos?
_____

¿Qué parte del cuerpo dirige los movimientos? _____
_____

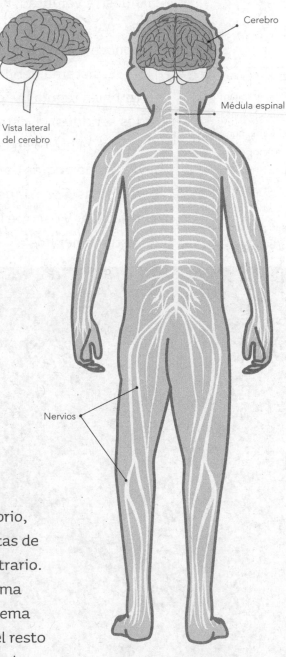

Vista lateral del cerebro

Cerebro

Médula espinal

Nervios

La percepción y ejecución del movimiento muscular se logra a través del sistema nervioso. Éste coordina al sistema muscular.

Cuando juegas a lanzar la moneda, imaginas su recorrido para atraparla. Para mantener el equilibrio, identificas hacia dónde se inclina tu cuerpo y tratas de compensar su peso moviéndolo hacia el lado contrario. Para realizar los movimientos anteriores, el sistema nervioso analiza cada situación y coordina al sistema muscular. Esto sucede porque entre el cerebro y el resto del cuerpo hay una comunicación constante; cuando queremos mover parte de nuestro cuerpo, el cerebro envía señales a los músculos, a través de los nervios, para que actúen. Este mecanismo ocurre tan rápido que no te das cuenta.

Los movimientos mencionados, como lanzar una moneda al aire o mantener el equilibrio, se llaman voluntarios porque son producto de nuestra voluntad. Pero también hay músculos en nuestro cuerpo que se mueven sin que lo decidamos, y por ello a sus movimientos se les conoce como involuntarios; un ejemplo son los latidos del corazón.

El sistema nervioso no sólo coordina nuestros movimientos, también regula la percepción y las respuestas de nuestros órganos de los sentidos: la vista en nuestros ojos, el olfato en la nariz, el tacto en la piel, el gusto en la lengua y la audición en los oídos.

Como podrás darte cuenta, un simple movimiento involucra tres sistemas: óseo, muscular y nervioso. Al conjunto de los sistemas muscular y óseo se le llama aparato locomotor, y lo coordina el sistema nervioso.

Consulta en...

Para ampliar tus conocimientos sobre el tema, consulta enciclopedias, libros de tu Biblioteca Escolar, archivos electrónicos o sitios de internet; solicita a tu profesor que te oriente al respecto.

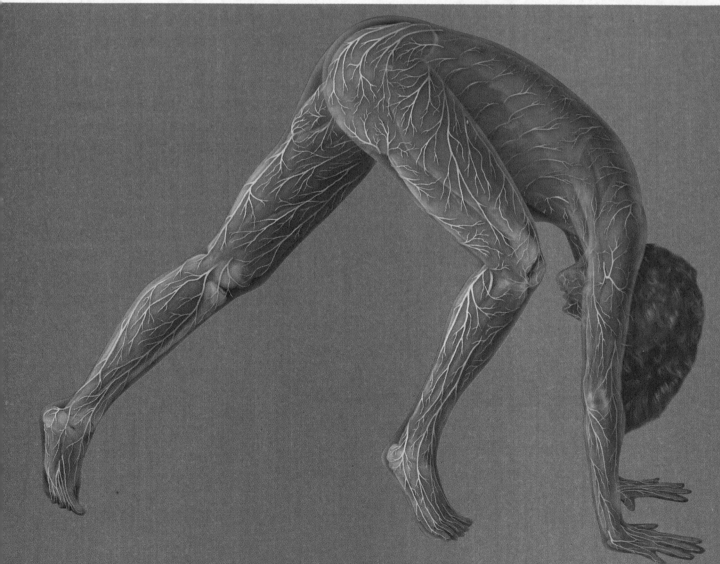

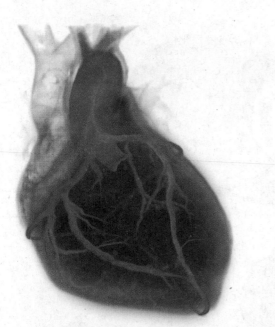

La ciencia y sus vínculos

Cuando un médico sospecha que una persona ha sufrido alguna fractura de huesos, solicita que le tomen una radiografía a la parte del cuerpo lesionada. La radiografía es algo parecido a una fotografía en blanco y negro en la que se pueden ver los huesos. Así el médico puede determinar si existe una lesión.

¿Cómo es posible ver nuestros huesos en una radiografía? Esto se debe a los rayos X.

Los rayos X atraviesan la piel, los músculos y la grasa, pero no los huesos. Para sacar una radiografía, la parte del cuerpo que se desea observar se coloca entre un aparato que emite los rayos X y una placa fotográfica. Los rayos X traspasan los tejidos mencionados, llegan a la placa fotográfica y la oscurecen, mientras que si hay hueso, chocan y rebotan. En una radiografía las partes blandas del cuerpo se ven oscuras y las duras se ven claras.

El físico alemán Wilhelm Conrad Röentgen descubrió accidentalmente los rayos X en 1895. Este hecho se difundió por todo el mundo y varios investigadores se interesaron en desarrollar la tecnología para emplearlos en el campo médico. Aunque los rayos X permiten detectar lesiones en los huesos, también pueden dañar nuestro cuerpo si son utilizados de forma inapropiada (tiempo y frecuencia excesivos). ▮▮▮

Un dato interesante

El latido del corazón es un movimiento involuntario. En algunas personas este mecanismo falla. En la actualidad, gracias al mayor conocimiento de nuestro cuerpo y al avance de la tecnología, a las personas con este padecimiento se les coloca un pequeño aparato en el corazón llamado marcapasos, que hace que este órgano lata de manera normal.

¡Sigue en movimiento!

Imagina por un momento que no pudieras mover una de tus manos o doblar tus rodillas, ¿cuántas actividades no podrías realizar?

Una lesión en los huesos, los músculos o los nervios le resta movilidad al cuerpo, por eso es importante conocer algunas medidas para cuidarlo.

Protegiendo nuestro cuerpo

Observa y explica.

Observa las imágenes y explica en las líneas, cuáles de ellas representan actividades o posturas adecuadas para conservar en buen estado tu aparato locomotor, y cuáles pueden causarte daño.

Comenten en grupo por qué es importante el cuidado del aparato locomotor. ¿Qué medidas preventivas debes llevar a cabo para cuidar tu salud?

_____

Las lesiones se evitan al realizar el calentamiento de los músculos antes de hacer ejercicio.

Medidas de prevención para evitar accidentes

Las lesiones en el aparato locomotor pueden incluir desde una torcedura hasta una fractura, es decir, el rompimiento de un hueso. Para prevenirlas, antes de hacer ejercicio debes realizar calentamiento de los músculos, evitar ejercicios extenuantes por tiempos prolongados e hidratarte antes, durante y después de la actividad física tomando suficiente agua simple potable.

Debes ser cuidadoso al realizar cualquier tipo de ejercicio físico y hacerlo como te indique alguien con experiencia en acondicionamiento físico, especialmente si tienes sobrepeso u obesidad, ya que estos trastornos provocan que el esqueleto y los músculos realicen más esfuerzo que el normal.

También debes tener precaución para evitar accidentes como caídas de bicicleta, patineta, patines o los accidentes de tránsito. Los golpes en los huesos pueden ocasionar fracturas que son especialmente peligrosas cuando suceden en el cráneo, las costillas o en los brazos y piernas. No camines sobre bardas, azoteas ni lugares que puedan resultar peligrosos. Usar casco y protecciones en codos y rodillas son medidas que disminuyen la posibilidad de una lesión grave.

Para mantener tus huesos sanos es necesario consumir alimentos ricos en calcio, como leche, queso, tortillas de maíz, charales, sardinas y otros minerales presentes en vegetales de hojas verdes, como berro, epazote y verdolaga. Practicar algún deporte al aire libre bajo el sol favorece que tu cuerpo produzca la vitamina D que ayuda a fijar el calcio en tus huesos y dientes para fortalecerlos.

Una dieta correcta, basada en el Plato del Bien Comer y la actividad física con los cuidados necesarios, te mantendrá sano y ayudará al buen desarrollo de tus músculos y huesos. Por ello es importante que te cuides.

Medidas de atención en caso de accidentes

Siempre deben evitarse las lesiones, pero si alguien o tú mismo presentan un problema que involucre lesiones, como raspones, torceduras o golpes, deben acudir de inmediato con un adulto para que los lleve al médico y les dé atención.

En caso de presentar heridas es necesario lavarlas bajo la supervisión de un médico o enfermera. Si existe fractura o la persona lesionada pierde la conciencia, sigan estas instrucciones:

1. Si es evidente una fractura o se sospecha su presencia, no muevan al lesionado.
2. Tengan a la mano un directorio de emergencia para solicitar el apoyo de personal especializado (médicos, paramédicos y bomberos). Atiendan al lesionado sólo en caso de que sepan dar los primeros auxilios y manténganlo cubierto con un suéter o cobija mientras llega la ayuda profesional.

Las heridas leves como raspones y cortaduras también es necesario lavarlas bajo la supervisión de un adulto.

Durante el desarrollo de este tema reconocerás la relación que existe entre los aparatos digestivo, nervioso, respiratorio y circulatorio, y el sistema nervioso en el proceso de la nutrición.

Asimismo, identificarás la importancia de la nutrición en el crecimiento y buen funcionamiento de tu cuerpo.

El ser humano tiene como hábito alimentarse tres veces al día. El horario varía según las costumbres y tradiciones del lugar donde vive.

▮▮ TEMA 2

La alimentación como parte de la nutrición

El aparato digestivo

Cada vez que consumes alimentos incorporas a tu cuerpo los materiales necesarios para mantener en funcionamiento sus sistemas y aparatos. Los alimentos también son el combustible que te proporciona energía para que realices tus actividades diarias.

Tal como los consumes, los alimentos no pueden ser aprovechados por tu cuerpo; deben ser descompuestos en sus componentes más pequeños, llamados nutrimentos. Los nutrimentos son absorbidos por el cuerpo y todo lo que no se utiliza se desecha. Estas funciones las realiza el aparato digestivo. Desde que introduces un alimento en tu boca el aparato digestivo inicia su trabajo: la digestión. Digerir los alimentos es transformarlos en materiales más sencillos para que puedan ser utilizados por el cuerpo.

Masticar los alimentos es el primer paso de la digestión. Enseguida el alimento es deglutido y pasa del esófago al estómago. En el estómago se realiza una parte de la digestión gracias a los jugos gástricos y otras sustancias que convierten el alimento en una masa. Esa masa pasa al intestino

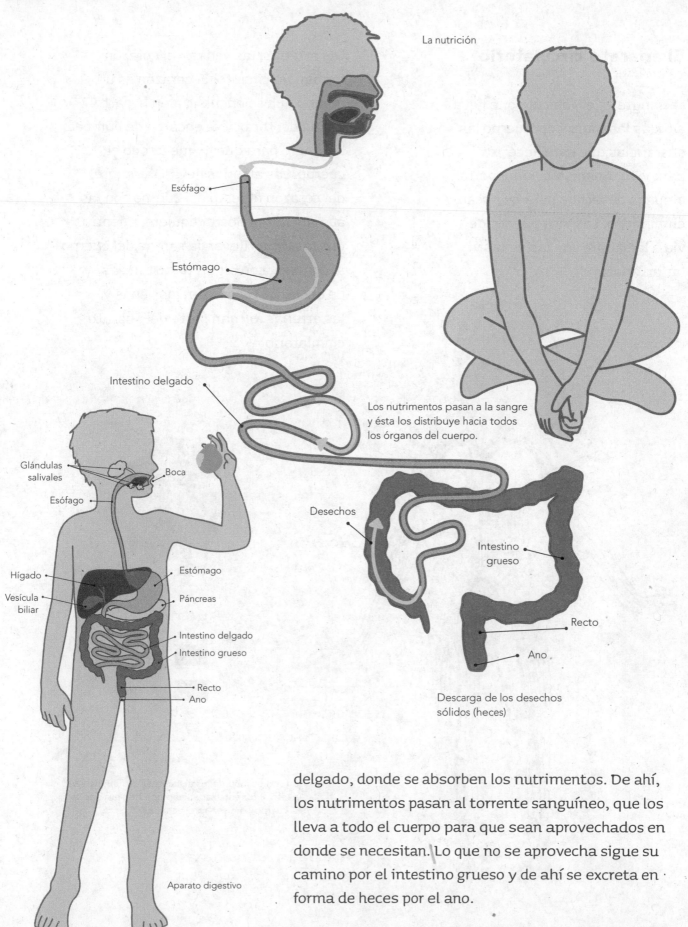

La nutrición

Esófago

Estómago

Intestino delgado

Los nutrimentos pasan a la sangre y ésta los distribuye hacia todos los órganos del cuerpo.

Glándulas salivales

Boca

Esófago

Desechos

Intestino grueso

Hígado

Estómago

Vesícula biliar

Páncreas

Intestino delgado

Intestino grueso

Recto

Ano

Recto

Ano

Descarga de los desechos sólidos (heces)

Aparato digestivo

delgado, donde se absorben los nutrimentos. De ahí, los nutrimentos pasan al torrente sanguíneo, que los lleva a todo el cuerpo para que sean aprovechados en donde se necesitan. Lo que no se aprovecha sigue su camino por el intestino grueso y de ahí se excreta en forma de heces por el ano.

El aparato circulatorio

La sangre es el vehículo que lleva a todas las partes del cuerpo las sustancias que éste necesita para vivir. Asimismo, transporta algunos desechos para que sean eliminados. Las vías por donde viaja la sangre son las venas y las arterias.

Las arterias, las venas y el corazón forman un circuito. El corazón es un órgano que se encuentra en la parte media del tórax y se encarga de bombear la sangre para que llegue a todo el cuerpo. Las arterias llevan la sangre del corazón al resto del cuerpo con las sustancias que éste requiere, mientras que las venas llevan la sangre del cuerpo al corazón, con algunas sustancias de desecho. El corazón, las venas y las arterias forman parte del aparato circulatorio.

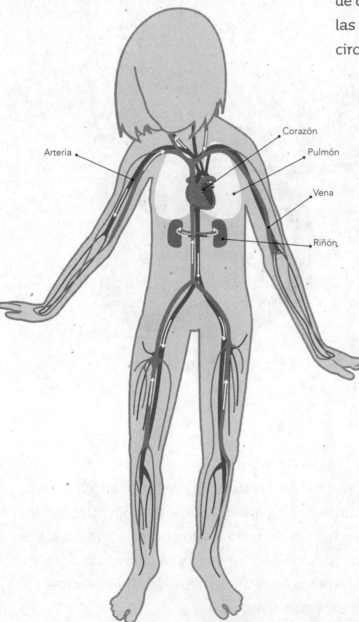

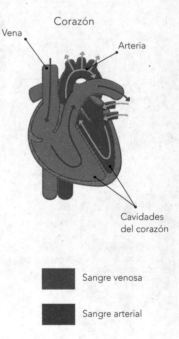

En la digestión de los alimentos, los nutrimentos pasan al torrente sanguíneo que los lleva a todo el cuerpo para ser aprovechados

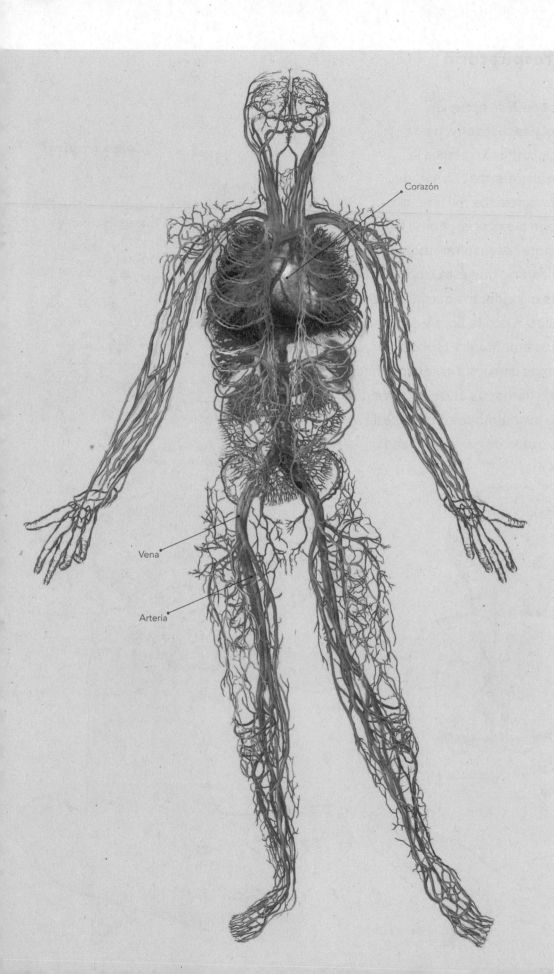

Corazón

Vena

Arteria

El corazón, las venas,
las arterias y la sangre
forman parte del aparato
circulatorio

El aparato respiratorio

Ahora ya sabes cómo se obtienen los nutrimentos y se distribuyen por el cuerpo; pero, ¿cómo extraemos la energía de los nutrimentos? La sangre, además de transportar los nutrimentos, también transporta oxígeno. ¿Cómo llega el oxígeno a la sangre? Al respirar utilizamos el aparato respiratorio que está compuesto por varios tubos o conductos que inician en la nariz, se conectan con la boca y continúan en la tráquea, los bronquios y bronquiolos, hasta llegar a unas estructuras microscópicas en forma de saco llamadas alveolos, situadas en el interior de los pulmones, donde se lleva a cabo el intercambio de gases: oxígeno y dióxido de carbono.

¿Cómo respiro?

Observa y explica.

En equipos, observen los siguientes esquemas de la respiración.

Expliquen en qué consiste la respiración y cuáles órganos se involucran en ella.

_____
_____
_____
_____

En los pulmones se lleva a cabo el intercambio de gases: oxígeno y dióxido de carbono.

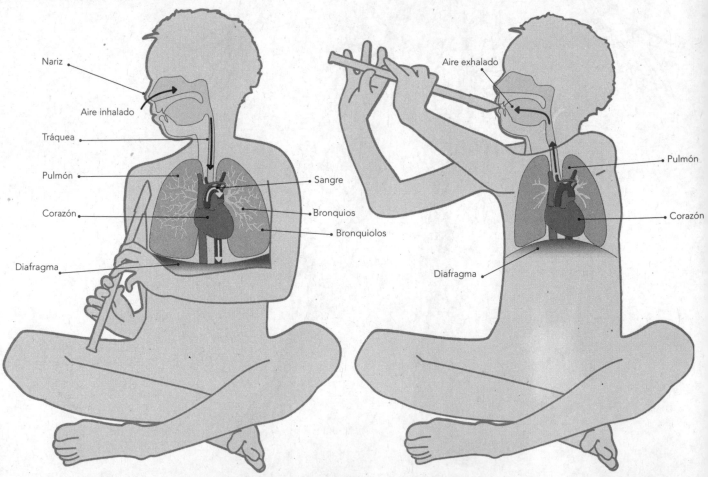

Nariz

Aire inhalado

Tráquea

Pulmón

Corazón

Diafragma

Sangre

Bronquios

Bronquiolos

Aire exhalado

Pulmón

Corazón

Diafragma

Al inhalar introducimos aire a nuestros pulmones gracias a la ayuda de un músculo llamado diafragma y de los músculos intercostales que permiten el movimiento del tórax para la entrada de aire. El aire es una mezcla de gases entre los que se encuentra el oxígeno, gas indispensable para la vida.

Al exhalar expulsamos dióxido de carbono, que es una sustancia de desecho que se produce en nuestro organismo.

La sangre es bombeada por el corazón hacia los pulmones, donde toma el oxígeno que allí se encuentra y regresa al corazón, que la bombea hacia todo el cuerpo para repartir el oxígeno.

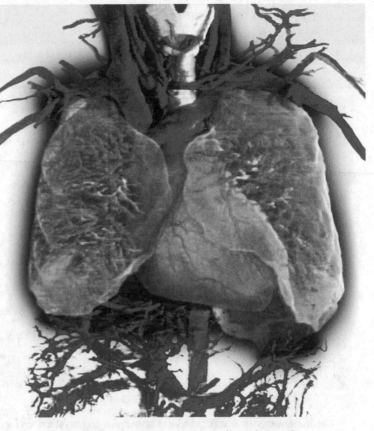

Aparato respiratorio, ¿reconoces los pulmones?

Los sistemas y aparatos de nuestro cuerpo trabajan en equipo

Analiza, integra y esquematiza.

En equipos, analicen cómo se relacionan los sistemas óseo, muscular y nervioso con los aparatos circulatorio digestivo y respiratorio.

Después, entre todo el grupo y con la ayuda de su profesor, elaboren un esquema en el que representen la relación entre los sistemas y aparatos mencionados; pueden incluir ilustraciones.

Al pasar por los pulmones la sangre también suelta el dióxido de carbono que ha recogido en su tránsito por todo el cuerpo.

Cuando el oxígeno se combina con los nutrimentos que hemos obtenido de la digestión se obtiene la energía que nuestro cuerpo necesita para llevar a cabo todas sus actividades. Gracias a esta energía podemos caminar, correr, jugar y nuestro cuerpo realiza todas sus funciones internas, como la digestión.

Durante el desarrollo de este tema reconocerás el aporte nutrimental de cada grupo de alimentos representados en el Plato del Bien Comer y los relacionarás con los que se producen en tu localidad.

También aprenderás a comparar los alimentos que regularmente consumes con los que recomienda el Plato del Bien Comer para tener una dieta correcta.

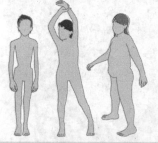

▪▪▪ TEMA 3

Dieta: los grupos de alimentos

Para que tu cuerpo pueda crecer, desarrollarse y funcionar adecuadamente es necesario que te alimentes de manera correcta. Los alimentos que ingieres te aportan los elementos necesarios para este fin. Por medio de la digestión, la respiración y la circulación obtenemos las sustancias que necesitan nuestros órganos para que realicemos todas las actividades de nuestra vida.

En la variedad de alimentos que existen encontramos las sustancias necesarias para nuestro crecimiento y desarrollo.

¿Cuáles son los nutrimentos que necesita mi cuerpo?

Reconoce e identifica.

En equipos, busquen información acerca de los tipos de nutrimentos que les proporcionan los grupos de alimentos del Plato del Bien Comer y la Jarra del Buen Beber. Orienten su investigación para contestar en su cuaderno las siguientes preguntas:

¿Para qué sirve cada tipo de nutrimento?
¿En qué grupo de alimentos los encontramos?
¿En qué alimentos se encuentran los carbohidratos y las grasas?
¿En qué alimentos se encuentran las vitaminas y los minerales?
¿En cuáles se encuentran las proteínas?
Organicen la información en un cuadro como el que se muestra enseguida.

Grupo de alimentos y bebidas, principal nutrimento que aportan	Función	Alimentos y bebidas en los que se encuentran
_____	_____	_____
_____	_____	_____

Ahora, individualmente escribe qué tipo de alimentos y bebidas crees que debes consumir en mayor cantidad.

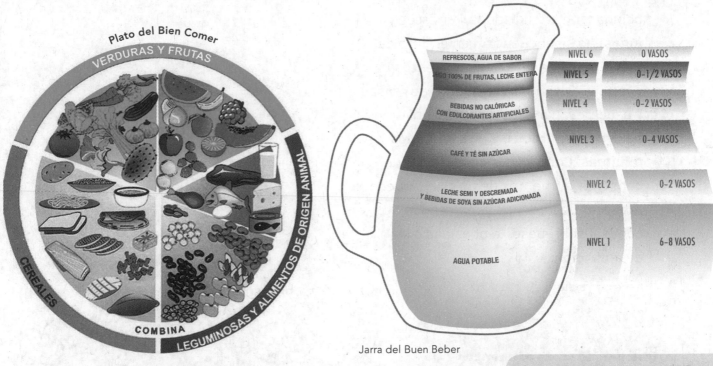

Jarra del Buen Beber

El Plato del Bien Comer

Ahora que conoces los nutrimentos que contienen los alimentos, quizá te preguntes qué tipo y qué cantidades de ellos debemos consumir para tener una dieta correcta.

Se llama dieta a la variedad y cantidad de alimentos que se consumen cada día. Para que sea correcta debe contener todos los nutrimentos y en las cantidades necesarias que se indican en los grupos de alimentos que observas en el Plato del Bien Comer.

El Plato del Bien Comer es un esquema que ilustra los tres grupos de alimentos y establece recomendaciones acerca de su consumo. Sirve de guía nutrimental para los mexicanos; recomienda que en cada comida consumas por lo menos un alimento de cada grupo y bebas agua simple potable, de acuerdo con las recomendaciones de la Jarra del Buen Beber. Aunque hay alimentos que debes comer más, como verduras y frutas, en lugar de productos de origen animal.

¿Mi dieta es correcta?

Identifica y analiza.

En tu cuaderno escribe una lista con todo lo que comes y bebes en un día y anota las cantidades.

En equipo, relacionen los alimentos y bebidas que existen en su localidad con los del Plato del Bien Comer y la Jarra del Buen Beber. Ubíquenlos en los grupos respectivos.

Diseñen una dieta. Elijan entre desayuno, comida o cena, de preferencia con los alimentos y bebidas que existen en su localidad y que sean de temporada. Recuerden que en cada comida debe haber por lo menos un alimento de cada grupo.

Ahora, individualmente compara la dieta correcta con tu dieta cotidiana (la lista que escribiste al principio de esta actividad). ¿Cómo es tu alimentación? ¿Cómo podrías mejorarla? ¿Con qué bebidas la consumes? Elaboren en grupo una conclusión acerca de lo que es una dieta correcta.

Como verás, los pastelillos, frituras y bebidas industrializadas (refrescos y jugos) no se encuentran en el Plato del Bien Comer, ya que estos alimentos contienen grandes cantidades de grasas y azúcares. Por esta razón su consumo debe ser esporádico y en cantidades mínimas. Comer en exceso o dejar de consumir alimentos de un grupo puede provocar desórdenes alimentarios, como el sobrepeso, la obesidad o la desnutrición.

¿Qué cantidad de alimentos necesita mi cuerpo?

Analiza y clasifica.

Materiales
- Una cartulina
- Hojas blancas
- Colores
- Pegamento
- Tijeras
- Regla
- Lápiz y goma

Manos a la obra. En equipo y con la ayuda de su profesor, recorten la cartulina en forma de círculo para elaborar en el Plato del Bien Comer.

En hojas blancas elaboren dibujos de los alimentos con los que diseñaron su dieta de la actividad anterior y ubíquenlos en los grupos que correspondan del Plato del Bien Comer: 1. verduras y frutas, 2. cereales y tubérculos y 3. leguminosas y alimentos de origen animal.

Expliquen en su cuaderno qué combinaciones pueden hacer con el grupo de cereales y leguminosas.

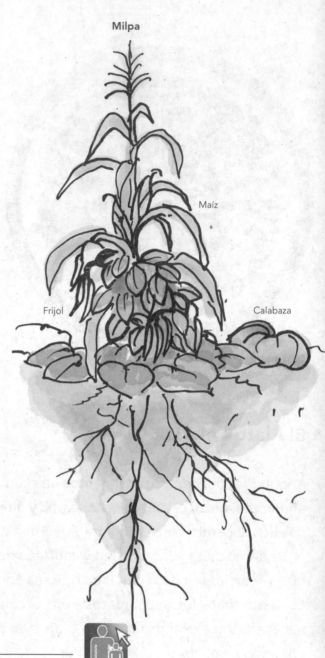

Milpa

Maíz

Frijol

Calabaza

Consulta en...
http://www.medicasur.com.mx/wb/Médica_en_línea/Dieta_correcta

Cultivo lo que consumo

Cuando existen problemas para encontrar alimentos nutritivos en la localidad donde vivimos, una opción es cultivar nuestras propias hortalizas.

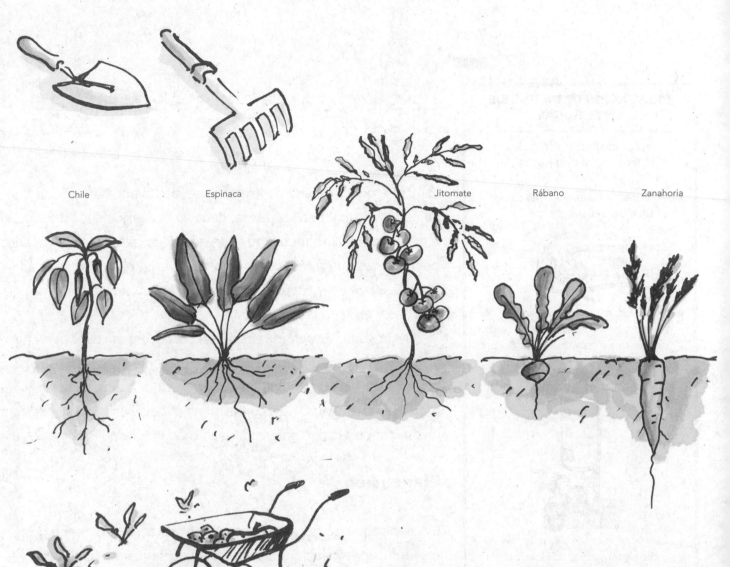

Chile   Espinaca   Jitomate   Rábano   Zanahoria

El huerto escolar

Investiga y organiza.

En equipos, investiguen lo que necesitan para instalar un huerto escolar.

Si no tienen espacio suficiente en la escuela, busquen alternativas como cultivar en cajones de madera o en cubetas.

Revisen su esquema del Plato del Bien Comer y decidan qué hortalizas cultivarán; es importante que cada equipo escoja una diferente. Investiguen cuáles son los requerimientos de luz y agua de las hortalizas que cultivarán.

Si en su escuela ya existe un huerto escolar, introduzcan cultivos nuevos que se incluyan en el Plato del Bien Comer.

PREVENCIÓN DE INCENDIOS EN EL HOGAR

SITUACIONES QUE PUEDEN PROVOCAR INCENDIOS

- Conectar varios aparatos eléctricos en un mismo enchufe.

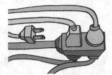

- Colocar sustancias como alcohol, *thinner* y gasolina, entre otras, cerca de la estufa o el calentador de agua.

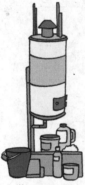

- Utilizar cerillos cerca de materiales como cartón, papel, tela, entre otros.

- Dejar sin supervisión las parrillas encendidas de la estufa, el horno, veladoras, anafre u otro elemento con fuego.

PROYECTO

Las brigadas de seguridad escolar

El interés por tu cuerpo es importante, por lo que además de los cuidados de una dieta correcta, debes protegerlo de los diferentes fenómenos perturbadores que son de origen natural o provocados por los seres humanos, por medio de las brigadas de seguridad escolar. En este proyecto aplicarás tus conocimientos para saber qué hacer en caso de un siniestro.

Las brigadas de seguridad escolar se han creado para prevenir y saber cómo actuar en caso de que se presente algún siniestro, ya sea en la escuela o en el lugar donde vives. Con tu equipo de trabajo organicen su brigada. Para conformarla pidan asesoría a su profesor, a la directora o a la persona responsable del Programa Escuela Segura.

Planeación

Elijan algún fenómeno perturbador o situación de riesgo que preferentemente atienda su brigada de seguridad escolar. Consideren los fenómenos que pueden ocurrir en el lugar donde viven, como sismos, incendios, inundaciones y deslaves. Las siguientes preguntas pueden servirles de guía.

¿A quién pueden preguntar sobre este tema? ¿Cuáles son los riesgos de accidentes en la escuela y cómo pueden prevenirlos? ¿Cuáles son los fenómenos perturbadores que se presentan en la comunidad?

Desarrollo

Para el desarrollo de su proyecto investiguen las acciones que realiza una brigada de seguridad escolar para prevenir y atender este tipo de fenómeno. A continuación encontrarán una propuesta de proyecto y las preguntas que contribuyen a ese desarrollo.

Nombre del proyecto: ¿Cómo prevenir un incendio?

Reflexionen y comenten.

- ¿Qué situaciones pueden provocar incendios en el lugar donde viven o en la escuela?
- ¿Qué acciones se deben realizar para prevenir incendios en estos lugares?
- ¿Cómo actuar en caso de incendio?

Recuerden que para evitar confusión y temor ante cualquier situación de riesgo es importante seguir la recomendación básica: "no corro, no grito, no empujo".

Comenten con su profesor y compañeros por qué es importante seguir las acciones recomendadas en caso de una situación de riesgo y qué pasaría si no se llevaran a cabo estas acciones. Escriban en su cuaderno sus reflexiones.

Comunicación

Pueden exponer su información en el periódico mural de la escuela, elaborar trípticos para repartirlos entre sus familiares y vecinos, hacer una presentación oral del tema o elaborar un cartel como el de la derecha.

Evaluación

Al realizar este ejercicio podrás conocer tu desempeño en el trabajo en equipo. Es importante que reflexiones al respecto para mejorar cada vez más.

PREVENCIÓN DE INCENDIOS EN EL HOGAR

ACCIONES PARA EVITAR INCENDIOS

- Conectar sólo un aparato eléctrico por enchufe.

- Almacenar las sustancias inflamables lejos de las fuentes de calor.

- Vigilar las parrillas encendidas de la estufa, el horno, las veladoras, el anafre u otro el emento con fuego.

Consulta en...
http://www.bomberosmexico.org
http://www.stps.gob.mx/ANEXOS/
PROPUESTAS_DIDACTICAS.pdf

	Sí	No	A veces	¿Cómo puedo mejorar?
Trabajé de manera colaborativa en la atención de una situación problemática.	○	○	○	_____
Participé responsablemente en actividades para buscar y compartir información con mi equipo de trabajo.	○	○	○	_____
Manifesté mi opinión y escuché la opinión de los miembros de mi equipo.	○	○	○	_____

Evaluación

Para contestar será necesaria toda tu atención. Concéntrate en cada instrucción y realiza lo que se te pide.

1. Lee las columnas y relaciona el nombre de los sistemas con la característica que los identifica.

    1. Está conformado por las estructuras más duras del cuerpo.   a. Sistema óseo
    2. Sus componentes trabajan en parejas: uno se estira
       mientras el otro se encoge.
    3. Da estructura y soporte al cuerpo.   b. Sistema muscular
    4. Coordina y envía señales a los músculos para realizar
       los movimientos.
    5. Está conformado por fibras que se encogen y se estiran.   c. Sistema nervioso
    6. Regula la percepción y la respuesta de los órganos
       de los sentidos.

2. Menciona los órganos que se involucran en la digestión y forman parte del aparato digestivo.

    _____

    _____

    _____

    _____

    _____

3. Subraya la respuesta correcta.

    1. De acuerdo con lo que aprendiste en este bloque, existen nutrimentos energéticos. ¿Qué alimentos corresponden a este grupo?

       a. Huevos y leche
       b. Carne y nopales
       c. Pan y mantequilla
       d. Espinacas y zanahorias

    2. De acuerdo con lo que aprendiste en este bloque, prevenir accidentes es una forma de cuidar nuestro cuerpo. ¿Cuál es una medida para prevenir accidentes?

       a. Alimentarte con lo que más te guste y agrade.
       b. Hacer ejercicio hasta el cansancio.
       c. Realizar un calentamiento previo antes de cada actividad física.
       d. Correr para ponerse a salvo en el caso de evacuación o simulacro.

Autoevaluación

Es momento de que revises lo que has aprendido en este bloque. Lee cada enunciado y marca con una (√) el nivel que hayas logrado. Así, podrás reconocer tu desempeño al realizar el trabajo en equipo y de manera personal.

	Siempre	Lo hago a veces	Difícilmente lo hago
Identifico la relación entre los sistemas nervioso, óseo y muscular en los movimientos de mi cuerpo.	○	○	○
Reconozco la relación entre los aparatos digestivo, respiratorio y circulatorio en el proceso de la nutrición.	○	○	○
Logro buscar información en diferentes fuentes.	○	○	○

¿En qué otras situaciones puedo aplicar lo que aprendí en este proyecto?

_____

	Siempre	Lo hago a veces	Difícilmente lo hago
¿Participé de manera colaborativa en las actividades del proyecto?	○	○	○
¿Expresé curiosidad e interés al plantear preguntas y buscar respuestas para el proyecto?	○	○	○
¿Realicé todas las tareas que me asignó en el equipo?	○	○	○
¿Respeté los acuerdos que se tomaron en mi equipo?	○	○	○

Me propongo mejorar en:

_____

_____

_____

¿Cómo somos los seres vivos?

ÁMBITOS:
- LA VIDA
- EL AMBIENTE Y LA SALUD
- EL CONOCIMIENTO CIENTÍFICO

Durante el desarrollo de este tema reconocerás que las plantas y los animales se nutren y respiran en diferentes formas de acuerdo con su interacción con el ambiente.

Interacciones de los seres vivos

En el bloque anterior aprendiste que por medio de una alimentación correcta el ser humano obtiene los materiales necesarios para crecer y desarrollarse, y la energía para realizar todas sus actividades. Pero, ¿cómo obtienen su energía los demás seres vivos? ¿Todos se nutren igual? ¿Las plantas también se nutren y respiran? ¿Todos los seres vivos respiran de la misma manera?

Nautilo, animal carnívoro nocturno que habita en el Océano Pacífico

Venados, animales herbívoros

El caracol de jardín es un animal que se alimenta de plantas.

Los helechos son plantas que producen su propio alimento.

Relación entre la alimentación de los animales y su ambiente

¿De qué se alimentan los animales?

Los animales del lugar donde vivo

Identifica y relaciona.

En equipos, elaboren en su cuaderno una lista de animales que habiten en el lugar donde viven o en un medio natural cercano. Escriban de qué se alimentan esos animales; si tienen dudas, pregunten a su profesor.

Contesten lo siguiente.

1. ¿Quién se come a quién? ¿Cómo lo hacen? ¿De qué se alimentan las plantas y los animales que observas?
2. ¿A qué se deben las diferencias en su alimentación? _____
_____
_____
_____

Ahora, en su cuaderno dibujen dos animales de su lista.

Contesten lo siguiente.

3. ¿Cuál consideras que tenga mayor cantidad de alimento? ¿Por qué?
_____

_____

4. ¿Por qué la obtención del alimento es importante para que un animal sobreviva en un medio determinado? ____
_____
_____
_____

Un dato interesante

El tiranosaurio medía de 10 a 14 m de altura, con un peso de 7 000 kilogramos (kg). Era carnívoro, se alimentaba de otros dinosaurios. Los investigadores consideran como una posible causa de su desaparición la falta de alimento, debido a que se extinguieron los dinosaurios de los que se alimentaba. También se piensa que por ser tan grande y pesado no era buen cazador, por lo tanto se tenía que alimentar de animales muertos o débiles, lo que sugiere que era carroñero.

Los dinosaurios se extinguieron millones de años antes de que apareciera el ser humano sobre la Tierra.

Consulta en...
Para mayor información sobre otros dinosaurios y sus tipos de alimentación:
http://www.revista.unam.mx/vol.2/num4/sabias1/tipos.html

El mono araña, en peligro de extinción, se alimenta de plantas de las selvas húmedas del sur de México.

Tortuga del desierto en peligro de extinción. Se alimenta de plantas de matorrales espinosos, habita en el norte de México.

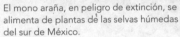

El tipo de alimentación de un ser vivo está en función del lugar donde habita. Por ejemplo, el mono araña que habita en las selvas de los estados de Veracruz, Tabasco y Chiapas se alimenta de abundantes frutas, hojas tiernas, flores, semillas e insectos, recursos que encontramos en las selvas tropicales, su hábitat natural. Por otro lado, la tortuga del desierto que habita en los estados de Coahuila Chihuahua y Sonora sólo come nopales y cactus. ¿Podría la tortuga del desierto sobrevivir en la selva? ¿Y el mono araña podría sobrevivir en el desierto? Comenten en el grupo sus argumentos respecto a estas preguntas.

En el pasado también existían seres vivos carnívoros y herbívoros, ¿quién se come a quién y cómo?

Clasificación de los animales por su alimentación

En cada región la alimentación de los animales es muy variada. A los que se alimentan de la carne de otros se les llama carnívoros. Algunos animales se alimentan de plantas (frutos, hojas, brotes tiernos, corteza, etcétera) y hongos, por eso se les denomina herbívoros. Otros comen tanto plantas como hongos y otros animales, por eso se les llama omnívoros. Otros más consumen insectos y se les denomina insectívoros. Analiza el cuadro de la derecha.

Tipo de alimento	Nombre
Plantas	Herbívoro
Carne (animales)	Carnívoro
Plantas, hongos, insectos, carne, etcétera.	Omnívoro
Insectos	Insectívoro

Atún aleta azul gigante del Atlántico presa de una orca.

Coatí de nariz blanca comiendo una cría de cocodrilo.

Coatí comiendo un coco.

Algunas especies se alimentan de ramas u hojas de árboles y arbustos.

El puma habita en las zonas montañosas del país.

Dime qué comes y te diré qué eres

Clasifica, describe y analiza.

Observa las imágenes de estas páginas y en tu cuaderno clasifica a los animales por su alimentación.

En equipos investiguen en internet, enciclopedias, libros o revistas, tres ejemplos de cada tipo de animales: carnívoros, herbívoros y omnívoros, que habitan en México, y también anótenlos en su cuaderno.

Describan el ambiente donde habitan tanto los animales que clasificaron como los animales de los ejemplos que investigaron, y analicen qué relación tiene el ambiente con su alimentación.

Consulta en...
http://www.biodiversidad.gob.mx/ninos/paisMaravillas.html
http://v6.yucatan.com.mx/especiales/faunaenextincion/

Rescate

Analiza.

Lee con atención el texto de la derecha y responde las siguientes preguntas.

¿De qué se alimentan las orcas? _____

_____

_____

Por su forma de alimentación, ¿cómo se clasifican las orcas?

_____

_____

¿Por qué las orcas suben a la superficie a respirar?

_____

_____

Orcas saliendo entre las grietas del canal que abrió un rompehielos.

Al llegar la primavera a las regiones de Alaska, la temperatura se eleva y comienza el deshielo: grandes bloques de hielo que cubren el mar se rompen y dejan canales abiertos. Muchos animales aprovechan estos canales para nadar y alimentarse. En esta época del año las orcas llegan a las costas para comerse a las focas que permanecen en las zonas congeladas.

En una ocasión las orcas se adentraron en las zonas de deshielo y de repente la temperatura bajó y la superficie de los canales se congeló de nuevo. Las orcas quedaron atrapadas debajo del hielo y corrían el peligro de ahogarse. Por suerte, un barco rompehielos ruso abrió un enorme canal hasta mar abierto; las orcas lo siguieron y lograron respirar.

Cómo respiran algunos animales

El pez traga agua y filtra el oxígeno a través de las branquias.

Los seres humanos obtenemos oxígeno del aire mediante la respiración. Con cada inspiración el aire, que contiene oxígeno, entra a los pulmones y el oxígeno penetra a nuestro cuerpo; con la espiración sale de nuestro cuerpo el dióxido de carbono. Pero, ¿cómo respiran los animales que viven en el agua?, ¿y los que viven bajo tierra?

Para respirar, los peces absorben el oxígeno disuelto en el agua cuando ésta pasa a través de sus branquias, unas láminas muy delgadas irrigadas de sangre. A través de las branquias también se deshacen del dióxido de carbono.

Muchos animales, como la lombriz de tierra, respiran por su piel. Para que esto ocurra su piel debe mantenerse húmeda siempre.

Agua con oxígeno disuelto

Filamento branquial

Branquias

No todos los animales acuáticos respiran por branquias. Las orcas y ballenas, a pesar de ser acuáticas, respiran de manera similar a nosotros ya que tienen pulmones. Toman aire a través de un orificio que tienen en la parte superior de su dorso.

Los delfines son otro ejemplo de animales acuáticos que respiran con pulmones.

Una orca sube a la superficie a respirar.

Un dato interesante

La ballena azul pasa casi toda su vida bajo el agua y sube a la superficie sólo durante unos segundos por vez para llenar sus pulmones de aire. Los seres humanos sólo aguantamos unos pocos minutos debajo del agua. ¿Cómo es posible que las ballenas aguanten tanto tiempo sumergidas sin respirar?

La ballena azul tiene unos pulmones del tamaño de un autobús. En cada respiro se intercambia casi todo el aire de sus pulmones, mientras que el ser humano sólo intercambia una pequeña parte.

La ballena azul madre empuja a su cría recién nacida hacia la superficie para que respire.

Las plantas: un caso especial. La alimentación y respiración en las plantas

Para alimentarse los animales salen en búsqueda de su comida. Pero las plantas, que no se trasladan de un lugar a otro para buscar su comida, ¿también se alimentan?, ¿respiran?

Alimento para crecer

Observa y analiza.

Realicen la siguiente actividad en equipos.

Materiales
- Tres vasos de plástico con tierra húmeda
- Nueve semillas de frijol

Manos a la obra. Coloquen tres semillas en cada uno de los vasos. Agreguen diariamente dos cucharadas de agua a cada vaso para mantener húmeda la tierra.

Coloquen un vaso en un lugar donde le dé la luz del sol, otro vaso deberán colocarlo en la sombra y el tercer vaso deberá estar en un lugar totalmente oscuro. Dejen transcurrir 15 días.

Después de este tiempo comparen el crecimiento de las plantitas de los tres vasos y dibújenlas en estos recuadros.

Si la tierra es del mismo tipo y la humedad en los tres vasos es similar, ¿cuál es la condición que varió en los tres vasos?

_____

_____

¿Cómo se relaciona esa condición con las diferencias en el crecimiento que observan en estas tres plantas?

_____

_____

_____

_____

_____

Comenten sus resultados y compárenlos con las imágenes que aparecen a continuación. ¿Qué ambiente necesitan las plantas para crecer? Menciona los materiales que necesitan las plantas para seguir creciendo. Dibújalos en tu cuaderno. ¿Qué parte de la planta absorbe los nutrimentos de los materiales que necesita? ¿Cómo lo hace?

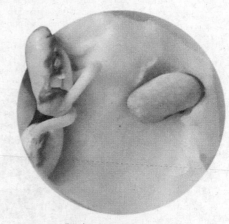

Frijoles que crecieron en un lugar al que le da luz solar.

Frijoles que crecieron bajo la sombra.

Frijoles que crecieron en ausencia de luz.

Plantas de frijol

3. Por medio de la luz solar las plantas transforman el dióxido de carbono en su alimento.

2. Por las hojas y tallos se absorbe dióxido de carbono.

1. Las raíces absorben el agua y las sales minerales que se encuentran en el suelo.

Las plantas respiran a través de los estomas que se encuentran en la cara inferior de sus hojas.

¿De dónde obtienen las plantas los recursos para nutrirse y crecer? La actividad anterior les permite reflexionar acerca de esta pregunta.

Las plantas elaboran su propio alimento; se les llama autótrofas porque se alimentan por sí mismas. A los seres vivos que se alimentan de otros seres vivos se les llama heterótrofos, como los hongos.

Al interactuar con el ambiente las plantas elaboran su alimento a partir de la luz del sol, el agua y un gas que se encuentra en el aire, el dióxido de carbono. El complemento lo obtienen de las sustancias que absorben del suelo a través de la raíz. En este proceso las plantas almacenan el alimento que producen, y liberan energía y oxígeno como producto de desecho. Otros seres vivos utilizan el oxígeno para su respiración.

En un proceso similar al de la respiración de los seres humanos, las plantas consumen el oxígeno que elaboraron y lo liberan como dióxido de carbono. Las plantas producen mayor cantidad de oxígeno del que consumen.

Este intercambio de gases se efectúa en las hojas, en la cara inferior de las hojas llamado envés, donde se encuentran los estomas, estructuras que no se pueden ver a simple vista y están encargadas del intercambio gaseoso: entrada del oxígeno y salida del dióxido de carbono y el vapor de agua.

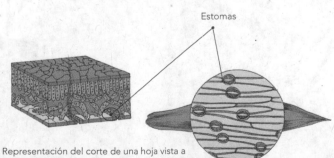

Estomas

Representación del corte de una hoja vista a través del microscopio.

Unos se comen a otros.
Relación entre los seres vivos

¿Quién se come a quién?

Identifica y reconoce.

En equipos relacionen y clasifiquen correctamente cada ser vivo en función del tipo de ambiente y alimento que consume. Iluminen las imágenes.

Contesta lo siguiente.

¿Qué pasaría con los seres vivos que se alimentan del venado si éste desapareciera?

_____

_____

Sin duda esos seres vivos también son alimento de otros, ¿qué les ocurriría a esos otros seres vivos?

_____

_____

_____

Elaboren una conclusión acerca de la importancia de conservar la diversidad de organismos que habitan la Tierra. Escríbanla en su cuaderno.

Durante el desarrollo de este tema describirás cómo los seres humanos transformamos el medio natural al obtener recursos para satisfacer nuestras necesidades.

Asimismo, explicarás algunas consecuencias del consumo de los recursos en la contaminación del agua, el aire y el suelo.

¿Qué necesito para vivir?

Reconoce, organiza y explica.

- En equipos, escriban en su cuaderno una lista de los objetos que usan en su vida diaria, y de los alimentos que consumen a diario.

  Escriban también cómo sería su vida si carecieran de uno o varios de estos recursos.

  De su lista, ¿cuáles son las cosas más importantes? _____
- ¿Por qué? _____
  _____
  _____

  Investiga y analiza cómo se producen los bienes que satisfacen algunas necesidades de tu vida cotidiana (vestido, alimentación, vivienda, salud). ¿Cómo te imaginas que llegan a tu localidad? ¿Cómo llegan el agua y la electricidad? ¿Adónde se llevan los desechos de tu casa? Pregunta a tus compañeros, amigos, familiares o consulta en los libros de la Biblioteca Escolar, pide asesoría a tu maestro.

TEMA 2

La satisfacción de necesidades básicas

Algunas de nuestras necesidades las satisfacemos con los recursos naturales, es decir, el conjunto de componentes de la naturaleza que son aprovechados por el ser humano en su estado natural. Ejemplos de recursos naturales son el aire, el suelo, el agua, el viento, las plantas y los animales.

Silla

Leche

Consulta en...
http://naturales.org/
http://www.fansdelplaneta.gob.mx/
http://www.escolar.com/avanzado/geografia028.html

Jugo de naranja

Como ya te habrás dado cuenta al realizar la actividad, muchos de los recursos que usamos diariamente provienen de la naturaleza. Al obtenerlos se modifica el ambiente natural de los otros seres vivos que también dependen de ellos. Por ejemplo, para obtener la madera se talan bosques y selvas, lo que ocasiona la desaparición de áreas verdes y un gran desequilibrio ambiental.

Por otra parte, una vez que utilizamos un producto generalmente lo desechamos. Es importante depositar los desechos en lugares destinados para tal fin, ya que muchos terminan en las calles, los parques, los bosques, las barrancas y los ríos, y esto contamina el agua, el aire y el suelo.

Bosque de pino, Sierra tarahumara

¿De dónde provienen mis recursos para vivir?

Relaciona y analiza.

Observa las figuras de la página anterior y relaciona los productos con los recursos naturales de donde provienen, e ilumina las imágenes.

Discutan entre todo el grupo cómo se podrían utilizar los recursos naturales de manera que se afecte lo menos posible al ambiente.

Escriban en su cuaderno la conclusión a la que lleguen.

Los desechos

Analiza y argumenta.

Observa las imágenes de esta página y la siguiente. Contesta en tu cuaderno.

¿Cuáles consideras que muestran lo que es apropiado para mantener la vida en el planeta?

¿Qué acciones propones para disminuir la contaminación?

¿Cómo las llevarías a cabo?

El mural

Reconoce, organiza y comunica.

Realicen un periódico mural que incluya la siguiente información relacionada con la contaminación:

- Efectos negativos.
- Principales fuentes.
- Acciones que se han tomado en su localidad para disminuirla.
- Acciones personales que deben realizar para contrarrestar sus efectos.

En equipos, investiguen cuál es el problema más grave de contaminación en el lugar donde viven. Con toda la información que investigaron analicen y concluyan, con ayuda de su profesor, cuáles serían algunas posibles soluciones a su alcance.

Consulta en...
http://www.fansdelplaneta.gob.mx/verde

Durante el desarrollo de este tema explicarás la importancia que tiene el cuidado de la Naturaleza para el mantenimiento de la vida.

Asimismo, apreciarás la importancia de ciertas prácticas como el reúso, la reducción y el reciclaje para contribuir al cuidado del ambiente, a fin de aplicarlas en tu vida cotidiana.

TEMA 3

Importancia del cuidado del ambiente

El cuidado del ambiente es de gran importancia. Todos los seres vivos formamos parte de éste y alterarlo pone en riesgo la supervivencia de distintas formas de vida.

La contaminación de las aguas de ríos y lagunas provoca la muerte de numerosos organismos.

¿En qué mundo prefiero vivir?

Observa y analiza.

Observa las siguientes imágenes y nota las diferencias.

¿En cuál de los dos paisajes preferirías vivir? _____

¿Qué podrías hacer para transformar el paisaje que no te agrada en uno donde sí te gustaría vivir? _____

_____

Los ríos de aguas limpias y cristalinas permiten la vida de muchos organismos.

Los desechos que generamos diariamente contaminan el ambiente, pero se pueden tomar medidas para disminuir este problema, como clasificarlos y separarlos para que puedan tener un segundo uso.

Veamos cómo se clasifican los desechos.

Antes y ahora

Reflexiona.

Pregunta a tus abuelos o a las personas de mayor edad de la localidad donde vives cómo era el ambiente cuando tenían tu edad, si consumían entonces los mismos productos que ahora y la opinión que tienen al respecto. Registra la información en tu cuaderno.

El ambiente actual del lugar donde vives ¿es similar al que te describieron tus abuelos? Responde en tu cuaderno.

¿Por qué?

¿Hay algún componente natural que antes consumían y ahora ya no existe o es muy difícil de conseguir? ¿Cuál?

¿Qué opinan ellos al respecto?

Imagina que desaparece algún producto alimenticio que ahora consumes. ¿Qué cambios en tu alimentación tendrías que hacer?

Comenten en grupo si consideran que es importante cuidar el ambiente y quiénes son responsables de hacerlo; además, ¿cómo se relacionan el consumo de recursos naturales y la producción de desechos? Anoten sus conclusiones en su cuaderno.

Clasificación de los desechos

Identifica y clasifica.

En equipos, observen las imágenes que se muestran a continuación y contesten las preguntas.

¿Qué tienen en común los desechos de la imagen a)?_____

_____

_____

¿Y los de la imagen b)?_____

_____

_____

_____

Los desechos de la imagen a) se llaman orgánicos y los de la imagen b) inorgánicos. Discutan por qué es conveniente separar los desechos sólidos de esta manera y escriban su conclusión en sus cuadernos.

a)

b)

Consulta en...
http://www.sma.df.gob.mx/educacionambiental/
http://www.sma.df.gob.mx/rsolidos/index.htm

La mayor parte de nuestros desechos se pueden aprovechar si los separamos en orgánicos e inorgánicos. Por ejemplo, los desechos orgánicos se pueden utilizar para hacer composta (abono para las plantas y cultivos).

La mayor parte de los desechos inorgánicos son reciclables; por ejemplo, los objetos de vidrio se pueden fundir para hacer otros objetos; lo mismo se puede hacer con algunos desechos metálicos. El reciclaje es una práctica que ayuda a evitar que se agoten los recursos naturales. Todo lo anterior no es posible si tiramos todos los desechos en un mismo contenedor; hay que separarlos.

Tú puedes ayudar a conservar nuestro ambiente si adquieres una práctica llamada "estrategia de las tres erres": reducir, reusar y reciclar.

Luisa le indica el foco ahorrador a Gerardo.

Reducir significa disminuir el consumo de productos y servicios. En la siguiente página se presentan algunas medidas que puedes llevar a cabo para poner en práctica este punto.

Ayuda a proteger el ambiente, reduce el consumo de productos con envolturas y empaques.

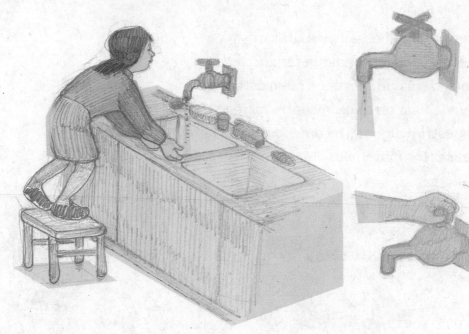

- Utilizar bicicleta o caminar en lugar de usar automóvil.
- Apagar focos y aparatos cuando no los estés utilizando.
- No desperdiciar agua y corregir las fugas o goteras de las llaves.
- Abrir la puerta del refrigerador lo menos posible y no guardar alimentos calientes dentro de él.

- Preferir productos que tengan pocos empaques o que éstos sean de cartón o papel.
- Usar focos ahorradores, que consumen menos electricidad.

- Utilizar pilas recargables en lugar de ordinarias.
- Utilizar papel reciclado.
- Usar y consumir productos reciclados o que al desecharse puedan reciclarse.

Reusar significa volver a utilizar.
Antes de desechar algún producto
considera que si está en buen estado se
puede usar otra vez. A continuación se
muestran algunas recomendaciones para
reusar los materiales.

- Utilizar hojas de papel por ambos lados.
- El agua con la que se lavó la ropa puede aprovecharse para el inodoro o para lavar el patio.

- Los envases de plástico, metal y vidrio pueden usarse como recipientes para almacenar. No olvides etiquetarlos.

- La madera que está en buenas condiciones puede utilizarse para reparar cercas o habilitar muebles, entre otros usos.

Reciclar algunos materiales de los desechos que pueden ser procesados para hacer otros productos. Por ejemplo, el vidrio es un material completamente reciclable, ya que se puede fundir muchas veces y hacer una gran diversidad de objetos sin que pierda sus propiedades.

Tú puedes participar en la fase inicial del reciclado separando materiales tales como el vidrio, metales como el aluminio y el cobre, envases de agua y refresco, entre otros.

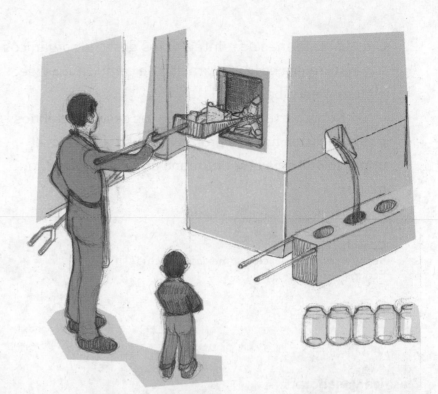

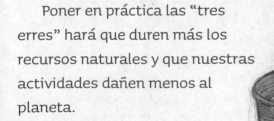

Poner en práctica las "tres erres" hará que duren más los recursos naturales y que nuestras actividades dañen menos al planeta.

Una de las formas de reintegrar los desechos orgánicos a la naturaleza es la elaboración de composta; así se genera menos basura.

Por otra parte, si se disponen los desechos sólidos inorgánicos en lugares propios para su reciclado, el impacto que deje el ser humano en la naturaleza será menor.

Consulta en...
http://www.greenpeace.org/mexico/es/Actua/Ecotips

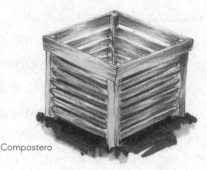

Compostero

Desechos de verduras

Cascarón de huevo y pasto recién cortado

Los desechos orgánicos pueden transformarse en composta, un abono rico en nutrimentos para las plantas.

Cáscaras de fruta y periódicos viejos

Materiales para elaborar una composta

La composta

Clasifica y elabora.

Esta actividad la puedes realizar en la escuela con tu equipo de trabajo o en casa con tu familia.

Materiales
- Caja de madera donde se transportan las verduras (huacal)
- Desechos de comida (cáscaras de plátano, papa, zanahoria, sandía, entre otras frutas u hortalizas) y periódicos viejos cortados en pedazos pequeños
- Tierra
- Hojas secas y pasto

Manos a la obra. Coloca la caja de madera en el jardín de tu casa o en el de tu escuela, en un lugar sombreado.

Agrega suficiente tierra a la caja de madera para formar una capa de 10 cm de alto; después, 10 cm de hojas, y por último, 10 cm de desechos orgánicos. Es importante evitar tocarte los ojos con las manos sucias. Repite la secuencia anterior hasta llenar la caja de madera. La última capa debe ser de tierra. Humedece cada semana la mezcla.

La composta estará lista después de tres meses, con ella puedes abonar el huerto escolar, el jardín y las macetas de tu casa o algún parque cercano.

Recomendaciones
- No incluyas en el huacal carne, huesos o alimentos grasos, tales como queso y aceite para cocinar. Así evitarás malos olores.
- Evita excrementos de animales domésticos, ya que pueden ser focos de infección y causar enfermedades.
- Al elaborar la composta, recuerda que también allí pueden existir animales peligrosos como alacranes, serpientes y arañas, que por su veneno representan un riesgo de accidente.
- Si despide mal olor, el material puede estar demasiado húmedo o muy compacto. Remuévelo frecuentemente para que esté bien aireado y agrega hojas secas o tierra.

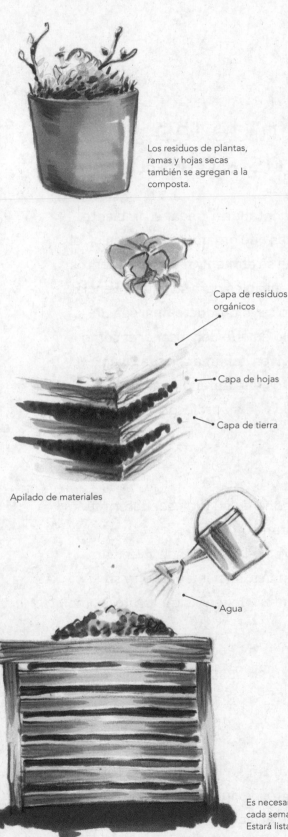

Los residuos de plantas, ramas y hojas secas también se agregan a la composta.

Capa de residuos orgánicos

Capa de hojas

Capa de tierra

Apilado de materiales

Agua

Es necesario humedecer cada semana la composta. Estará lista en tres meses.

La ciencia y sus vínculos

Si observas a tu alrededor te darás cuenta de que hay muchos artículos de plástico: bolígrafos, muebles, juegos, recipientes, textiles y un sinfín de objetos más. El plástico es un material que ofrece muchas ventajas: es ligero, resistente, se puede moldear, colorear fácilmente y tiene la característica deseable de ser transparente u opaco. Sin embargo, también tiene una enorme desventaja: no se desintegra o tarda mucho tiempo en reintegrarse al ambiente.

En la actualidad casi la mitad de los desechos que se generan corresponden a materiales plásticos. Éstos se pueden reciclar para hacer productos como telas, filamentos para escobas y cepillos, láminas, flejes y nuevas botellas. Desafortunadamente en México sólo se recicla 20% de los envases de desecho.

El proceso de reciclado es complicado y utiliza mucha agua, por eso es importante separar los envases del resto de los desechos sólidos para que estén limpios; de esta manera se ahorra gran cantidad de agua en el reciclaje. Actualmente existen contenedores especiales para recolectar los envases de un plástico especial llamado PET, búscalos en tu localidad. Si no los hay y quieres contribuir a su recolección, puedes buscar información en la página electrónica <www.ecoce.org.mx>. ■ ■

PROYECTO

La nutrición de las plantas y los animales

Para realizar acciones orientadas a cuidar el ambiente es necesario que conozcas qué organismos existen en el lugar donde vives, de qué se alimentan y qué elementos del ambiente son indispensables para su supervivencia.

Elaboren un proyecto cuyo producto final sea un texto, esquema o modelo en que den a conocer cómo se relacionan los seres vivos del lugar donde viven. Utilicen los conocimientos que aprendieron en el bloque y soliciten la ayuda de su profesor.

Planeación

En equipos y con la asesoría de su profesor determinen de qué forma desarrollarán su proyecto.

Realicen un recorrido por el lugar donde viven para identificar plantas y animales, su alimentación y su interacción con el ambiente. Pueden visitar lugares como:

- Parques
- Lotes baldíos
- Jardines
- Granjas
- Potreros
- Estanques
- Riachuelos

Tengan precaución al realizar su recorrido, pues existen plantas y animales peligrosos que debido a su veneno representan un riesgo de accidente.

Desarrollo

La información recabada te ayuda a comparar, reflexionar y elaborar conclusiones; formula y contesta preguntas como éstas:

¿Cómo interactúan las plantas y los animales con los otros elementos del ambiente en tu localidad?

¿Cuáles son las diferencias entre la nutrición de las plantas y la de los animales?

Elaboren un cuadro de los animales y plantas que encontraron, su fuente de alimentación y la importancia del ambiente para su supervivencia.

Si es posible, acudan a un invernadero o jardín botánico, bosques cercanos o áreas protegidas cercanas. También pueden investigar en museos, bibliotecas, revistas o sitios de internet acerca de las plantas carnívoras: cómo es su alimentación en comparación con las demás plantas y cuáles son sus mecanismos para obtener alimento.

Elaboren un esquema o tabla donde comparen ambas formas de alimentación.

Comunicación

Pueden presentar el resultado de su investigación en un informe escrito, periódico mural, esquema, modelo (maqueta) o cartel. En éstos debe plasmarse la explicación de las interacciones entre los organismos y el ambiente.

Evaluación

Al realizar este ejercicio podrás conocer tu desempeño en el trabajo en equipo. Es importante que reflexiones al respecto para mejorar cada vez más.

	Sí	No	A veces	¿Cómo puedo mejorar?
Manifesté mis conocimientos acerca de la nutrición de los seres vivos.	○	○	○	
Busqué, seleccioné y ordené la información acerca del proceso de nutrición de las plantas.	○	○	○	
Utilicé diversos medios de comunicación como textos, esquemas y modelos, para dar a conocer tanto la información como los resultados del proyecto.	○	○	○	
Compartí la información y escuché la opinión de los miembros de mi equipo.	○	○	○	

Evaluación

1. Relaciona mediante líneas ambas columnas.

1. Herbívoro

2. Reciclado

3. Respiración

4. Contaminación

5. Omnívoro

a. Se alimenta de plantas y carne.

b. Permite que disminuya la contaminación.

c. Afecta negativamente la vida de todos los seres vivos.

d. Se alimenta de plantas.

e. La realizan las plantas y los animales.

Autoevaluación

Es momento de que revises lo que has aprendido en este bloque. Lee cada enunciado y marca con una (√) el nivel que hayas logrado. Así podrás reconocer tu desempeño al realizar el trabajo en equipo y de manera personal.

	Siempre	Lo hago a veces	Difícilmente lo hago
Reconozco que las plantas y los animales se nutren y respiran de diferentes formas en interacción con su ambiente.	○	○	○
Describo cómo los seres humanos transformamos el medio natural al obtener recursos para satisfacer necesidades.	○	○	○
Explico algunas consecuencias del consumo de los recursos referentes al agua, aire, suelo, plantas y animales.	○	○	○
Reconozco lo importante que es reusar, reducir y reciclar los materiales de desecho, como formas de contribuir al cuidado del ambiente, con el fin de aplicarlas en mi vida cotidiana.	○	○	○

	Siempre	Lo hago a veces	Difícilmente lo hago
¿Puedo buscar, seleccionar y sistematizar información acerca del proceso de nutrición de las plantas?	○	○	○
¿Utilizo diversos medios de comunicación, como textos, esquemas y modelos, para dar a conocer tanto la información como los resultados del proyecto?	○	○	○

¿En qué otras situaciones puedo aplicar lo que aprendí en este proyecto?

_____

_____

_____

	Siempre	Lo hago a veces	Difícilmente lo hago
¿Busco información relacionada con el tema en diferentes medios impresos y electrónicos?	○	○	○
¿Trabajo en equipo de manera ordenada y organizada?	○	○	○
¿Reflexiono sobre mis propias explicaciones y las de mis compañeros?	○	○	○
¿Respeto y valoro las aportaciones hechas por mis compañeros?	○	○	○

Me propongo mejorar en:

_____

_____

_____

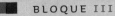 BLOQUE III

¿Cómo son los materiales y sus interacciones?

ÁMBITOS:

- LOS MATERIALES
- EL CAMBIO Y LAS INTERACCIONES
- LA TECNOLOGÍA
- EL CONOCIMIENTO CIENTÍFICO

Un yunque, bloque macizo y pesado de hierro, y una pluma, muy ligera

Durante el desarrollo de este tema compararás la masa de diferentes objetos para identificarla como una propiedad medible.

Asimismo, reconocerás que los objetos tienen volumen y lo identificarás como una propiedad medible.

Propiedades de los materiales: masa y volumen

Todos los cuerpos que te rodean tienen propiedades que puedes percibir con los sentidos, como el color, el sabor, la dureza, entre otras. Sin embargo, hay propiedades que no puedes apreciar fácilmente, al menos no de manera precisa. ¿Cuáles son estas propiedades?

Masa

La cantidad de material que contienen los objetos se conoce como masa. Para determinar la masa de los objetos se utiliza la balanza.

La balanza es un instrumento que se utiliza para medir la masa de algunos objetos.

El dispositivo que a continuación van a armar se llama balanza, con él podrán medir y comparar la masa de distintos cuerpos.

La balanza

Elabora.

Materiales

- Palo delgado de 35 a 40 cm de largo y grosor aproximado de medio centímetro, o un gancho de alambre para colgar ropa
- 7 tramos de hilo de 15 cm
- 2 tapas iguales de frascos o 2 recipientes iguales de plástico o de cualquier otro material, de más o menos 10 cm de ancho cada uno, cada tapa perforada con tres orificios

Manos a la obra. Formen equipos para trabajar.

Con mucho cuidado, hagan tres perforaciones en las orillas de cada tapa, tratando de que la distancia entre ellas sea igual, tal y como se muestra en la imagen.

En los extremos de seis hilos hagan un nudo más grande que los orificios que hicieron en las tapas.

Pasen cada hilo por los orificios de las tapas (tres por tapa) y amarren los hilos de cada tapa a uno de los extremos del palo, procurando que las tapas queden horizontales.

Amarren un extremo del hilo restante al centro del palo o del gancho para ropa. Alcen el hilo para sostener la balanza; el palo debe quedar horizontal y ambas tapas a la misma altura.

¿Cuál tiene más masa?

Observa, compara y registra.

Materiales
- Balanza de la actividad anterior
- 4 cubos de madera de las siguientes medidas:
  Uno de 2 cm por cada lado (núm. 1)
  Uno de 3 cm por cada lado (núm. 2)
  Uno de 4 cm por cada lado (núm. 3)
  Uno de 5 cm por cada lado (núm. 4)

En caso de que se les dificulte obtener los cubos, consulten a su profesor para que les dé opciones para sustituirlos.

Manos a la obra. Formen equipos para trabajar.

Marquen cada cubo de madera con el número que le corresponde (1, 2, 3, 4).

Coloquen un cubo en cada tapa de la balanza como se indica en el siguiente cuadro.

Cubos que se comparan	Número del cubo que inclina la balanza
1 y 2	
1 y 3	
3 y 4	
2 y 3	

La balanza se inclinará hacia el lado del objeto que tenga mayor masa.

Anoten en su cuaderno los cubos de menor a mayor según la cantidad de masa que contienen.

En la actividad anterior usaste objetos del mismo material, en ese caso puedes saber cuál tiene mayor masa por su tamaño; sin embargo, si dos objetos tienen un tamaño parecido y son de distinto material resultará difícil saber cuál de ellos tiene más masa; por esta razón lo más indicado es determinar la masa con una balanza.

La unidad más usada para medir la masa es el kilogramo (kg), comúnmente llamado *kilo*, pero en ciencias lo correcto es llamarlo kilogramo.

Hasta ahora sólo has comparado cuál objeto tiene más masa con respecto a otro, pero no has determinado cuánta tiene cada uno. Para ello tienes que comparar la masa del objeto que desconoces con otro de masa conocida al que se le llama patrón, que es un modelo que sirve de muestra o medida para comparar y obtener otra medida igual. La masa del objeto es equivalente al patrón cuando la balanza permanece equilibrada, es decir, cuando los platos están a la misma altura, por ejemplo, al comparar la masa de una papa con una medida ya establecida llamada pesa.

La masa de los cuerpos y el espacio que ocupan

Cuando has acompañado a alguien de tu familia al mercado, habrás notado que algunos de los productos que compra ocupan más espacio que otros, aunque ambos tengan las mismas masas.

Con tu equipo de trabajo realiza la siguiente actividad, en la que compararás la masa de distintos materiales.

Indígena pesando verduras en el mercado. Antigua, Guatemala.

Compara masas

Observa y analiza.

Materiales
- Balanza que construyeron
- 100 g de masa para tortillas o plastilina
- Un trozo de madera de aproximadamente 2 cm de ancho por 2 cm de largo y 5 cm de alto
- Hoja de papel
- Piedra pequeña
- Dos globos
- 100 g de algodón

Experiencia 1

Manos a la obra. Con la balanza comparen la masa de los objetos indicados en el siguiente cuadro.

Objetos	La balanza se inclina hacia...
Bola de masa para tortillas y bola de papel del mismo tamaño	
Bola de papel y piedra del mismo tamaño	
Cubo de madera y pedazo de masa para tortillas del mismo tamaño	

En las comparaciones anteriores, si los objetos tienen el mismo tamaño ¿tienen la misma masa?

_____

¿Qué determina la masa de un objeto?

_____

_____

Experiencia 2

Tomen tres porciones del mismo tamaño y peso de masa para tortillas, algodón o plastilina. Formen un cubo y una esfera, y completen el siguiente cuadro.

Masa para tortillas en forma de...	La balanza se inclina hacia...
Cubo y esfera	
Esfera deformada y sin deformar	

¿Cómo influye la forma de un objeto en su masa? _____

_____

Experiencia 3

¿El aire tiene masa? _____
Diseñen un experimento en el que comprueben su respuesta; para ello pueden usar globos. Presenten su propuesta a la profesora o el profesor para su aprobación, y con su ayuda llévenla a cabo.

Al finalizar su experimento contrasten sus resultados con su respuesta anterior y contesten la siguiente pregunta.

¿Qué pueden decir de la relación entre el tamaño de un objeto y su masa? Consideren sus observaciones para todas las experiencias de esta actividad y la anterior.

_____

_____

Como observaste en la experiencia 2, la masa de un cuerpo no depende de su forma, ya que podemos tener dos cuerpos de diferente forma pero con igual masa. También, al comparar objetos de diferentes tamaños observaste que los cuerpos más grandes no siempre tienen más masa, sino que esto depende del tipo de material del que están hechos.

Volumen

Los cuerpos también ocupan un espacio, tienen volumen. Por ejemplo, si comparamos un balón de basquetbol y uno de futbol podemos ver que el primero ocupa más espacio que el segundo, por lo tanto, tiene más volumen.

¿Cuál es el volumen?

Observa, mide y registra.

Materiales
- Un biberón de 240 ml
- Arena
- Semillas de frijol
- Azúcar
- Agua

Manos a la obra. Integren equipos para trabajar.

Viertan cuatro cucharadas de arena en el biberón y registren en el siguiente cuadro el nivel que alcanzaron en él.

Vacíen el biberón y agreguen un puñado de semillas de frijol.

Repitan lo anterior con seis cucharadas de azúcar y, por último, con 10 cucharadas de agua.

Registren el nivel que alcanza el contenido del biberón al agregar cada material.

Comenten en grupo:
¿Qué diferencias de nivel observaron al realizar el experimento?_____

¿Cuál material tuvo mayor volumen? ¿Cómo lo saben?_____

¿Cuál material de los cuatro tuvo el menor volumen?_____

¿Cómo medirían el volumen de los gases, sólidos y líquidos? _____

Material	Nivel del biberón (ml)
Arena	
Semillas de frijol	
Azúcar	
Agua	

La unidad de volumen es el metro cúbico (m³); esta unidad es muy grande para medir cosas que utilizamos cotidianamente, por lo que se prefiere usar una menor: el decímetro cúbico (dm³). Para que te des una idea, una caja de 10 cm de ancho, 10 cm de largo y 10 cm de alto es un decímetro cúbico.

El decímetro cúbico ocupa el mismo espacio que un litro (l), que es la unidad que se utiliza más frecuentemente para medir la capacidad de los recipientes.

Es importante que no confundas el concepto de volumen con el de capacidad. Ambos se relacionan, pero no son lo mismo. Como habíamos analizado, el volumen tiene relación con el espacio que ocupa un cuerpo, mientras que la capacidad es la medida de lo que le cabe a un recipiente. Por ejemplo, al realizar el experimento anterior observaste en el biberón el nivel que alcanzaron la arena, el azúcar, los frijoles y el agua, esto es la medida del volumen de esos materiales. Ahora bien, el biberón tiene una medida de 240 mililitros (mL), ésta es una medida de capacidad. Sin embargo, es posible establecer equivalencias entre ambos tipos de unidades:

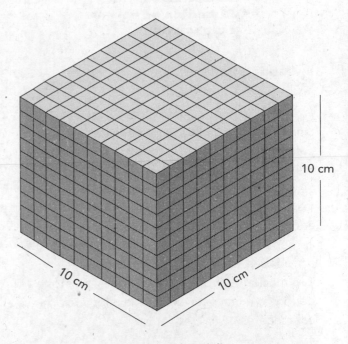

Decímetro cúbico (dm³)

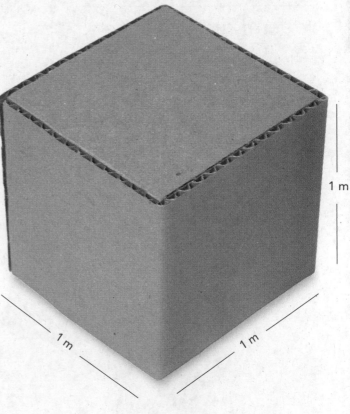

Metro cúbico (m³)

1 dm³ (un decímetro cúbico) = 1l (un litro)

1 cm³ (un centímetro cúbico) = 1 ml (un mililitro)

Las unidades de medida de volumen y capacidad

Investiga y compara.

Formen equipos para investigar en comercios, farmacias, centros de salud, mercados y en sus casas, cómo se usan los utensilios o instrumentos que ayudan a medir la capacidad.

Recuerda que para ello deben acudir ante el responsable del lugar en compañía de una persona adulta.

Repártanse entre los equipos las diferentes actividades: entrevistas, recopilación de la información, elaboración de carteles, folletos o periódico mural para exponer la información a sus compañeros.

¿Cómo se llaman esos utensilios o instrumentos?

_____
_____
_____
_____
_____
_____

Explica en tu cuaderno la utilidad que tienen los instrumentos de medición en la vida cotidiana.

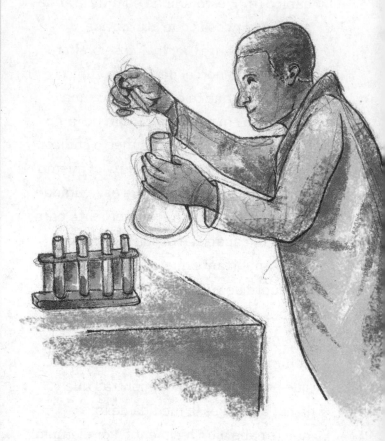

¿Cuál ocupa mayor espacio?

Observa y analiza.

Materiales
- Caja de cartón grande, de preferencia de las que se utilizan para transportar huevos
- 15 globos grandes
- 15 globos chicos
- Marcador

Manos a la obra. Formen equipos para trabajar, y con la supervisión de su profesor:

Inflen los globos lo más que puedan.

Marquen los globos pequeños con el número 1 y los grandes con el número 2.

Llenen la caja con los globos marcados con el número 1. Anoten en el siguiente cuadro cuántos necesitaron para llenarla.

Repitan el experimento con los globos marcados con el número 2. Registren su resultado.

Tipo de globo	Núm. de globos utilizados para llenar la caja
Globos número 1	
Globos número 2	

Al terminar la actividad, pongan los materiales en los depósitos adecuados para que sean llevados a reciclar.

¿De cuáles globos necesitaron menor cantidad para llenar la caja? ¿Por qué?

_____

¿Los globos ocupan todo el espacio de la caja?

_____

¿Podrían usar los globos como unidad de medida? ¿Por qué?

_____

Comenta tus respuestas con el grupo.

Material para medir volúmenes en el laboratorio: probeta y matraces.

Como puedes notar, si usaras los globos como unidades de medida sería difícil determinar el volumen, ya que habría espacio sin medir: el que queda entre los mismos globos. Por esta razón se utilizan, como ya se dijo antes, las unidades de metro cúbico para el volumen y los litros para la capacidad.

Los instrumentos de medida son importantes en nuestra vida cotidiana; sin ellos no podríamos saber, por ejemplo, qué cantidades de azúcar, sal o leche se necesitan para preparar los alimentos.

El pastel

Reconoce.

Manos a la obra. Formen equipos para trabajar.

Consigan una receta de cocina para hacer un pastel. Pidan ayuda a un adulto y elabórenlo en casa. Respondan en su cuaderno las siguientes preguntas.

¿Qué sucedería si agregaran los ingredientes "al tanteo"?

¿El pastel saldría igual?

¿Qué instrumentos de medida utilizaron?

Durante el desarrollo de este tema compararás la temperatura de diferentes objetos mediante el uso de un termómetro.

Asimismo, reconocerás la importancia de los termómetros para medir la temperatura en diversas actividades.

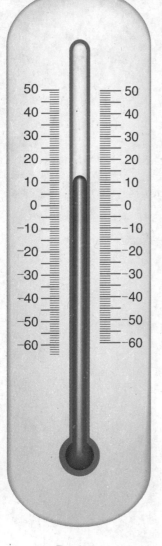

Termómetro

■■ TEMA 2

Temperatura

En alguna ocasión has escuchado comentar que alguien tiene fiebre, es decir, que su temperatura se ha elevado, lo cual es un síntoma de enfermedad. La temperatura es la medida en grados Celsius del calentamiento de los cuerpos. En esta sesión aprenderás a medir una temperatura y la importancia de saber hacerlo en el ámbito de la casa, la medicina, la industria y el comercio. También conocerás que los materiales o cuerpos presentan diferente temperatura y que existen instrumentos para medirla.

La temperatura de los cuerpos

Compara y registra.

De manera individual, toca los materiales o cuerpos que se enlistan en el cuadro y completa éste poniendo una (√) en la columna que estimes conveniente, según tu experiencia.

Cuerpo	Temperatura muy baja	Temperatura baja	Temperatura media	Temperatura alta
Trozo de hielo				
Agua de la llave				
Mi frente				
Agua con la que me baño				
La mesa				

Compara tus respuestas con las de tus compañeros.

Es probable que algunas de tus respuestas no hayan coincidido con las de tus compañeros, esto se debe a que lo que a una persona parece le caliente, para otra no lo es tanto; esto depende de su sentido del tacto y su apreciación personal. Por eso, para medir la temperatura de los cuerpos de una manera que no esté sujeta a una apreciación personal utilizamos un instrumento llamado termómetro.

La ciencia y sus vínculos

Anteriormente los científicos no tenían un método para medir las diferencias de temperatura de los cuerpos. En 1592 Galileo Galilei (1564-1642) inventó el primer instrumento en el cual se apreciaba el cambio de temperatura de los cuerpos, lo llamó termoscopio.

Este instrumento consistía en una especie de bulbo de cristal que se prolongaba en un tubo largo y estrecho. Galileo calentaba el bulbo con las manos y sumergía la punta del tubo en un recipiente con agua coloreada. A medida que el termoscopio y el aire que contenía se enfriaban, el agua subía por el tubo y alcanzaba un nivel. Sin embargo, este científico no logró determinar una escala que le ayudara a tomar las medidas.

Posteriormente, en 1631, Jean Rey (1583-1645) modificó el instrumento hecho por Galileo añadiéndole una escala de medida. En 1640 los científicos de la Academia de Ciencias de Italia construyeron el modelo del termómetro moderno que hoy conocemos y utilizamos. ■■■

Termoscopio inventado
por Galileo Galilei

El termómetro clínico es un instrumento que consiste en un tubo muy fino de cristal cuyo extremo inferior tiene un depósito que contiene mercurio. En el tubo están señaladas las unidades de medida, llamadas grados Celsius (°C), a las que con frecuencia se nombra de manera incorrecta grados centígrados. Usamos este tipo de termómetro para medir la temperatura corporal.

Ahora ya sabes qué es un termómetro, pero, ¿sabes cómo usarlo? Realiza la siguiente actividad para aprender a hacerlo.

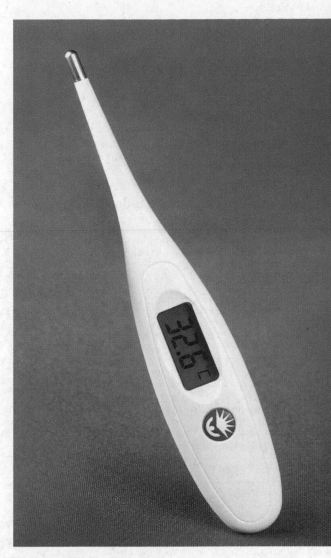

Termómetro clínico digital

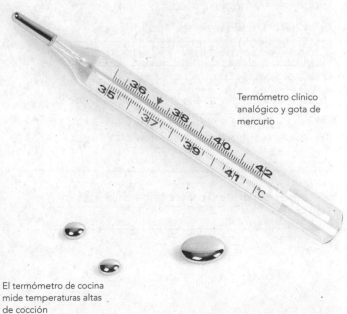

Termómetro clínico analógico y gota de mercurio

El termómetro de cocina mide temperaturas altas de cocción

la temperatura corporal

Mide.

Materiales
- Termómetro clínico

Manos a la obra. Con el termómetro tómale la temperatura a algunos de tus compañeros y anota los resultados en la siguiente tabla.

Nombre	Temperatura observada (°C)

Ten cuidado al manejar el termómetro, es muy frágil y puede romperse, ocasionando la salida del mercurio. Es importante que sepas que el mercurio es muy tóxico.

Para conocer la temperatura de un compañero coloca el termómetro en una de sus axilas por debajo de la ropa y pídele que mantenga el brazo junto al cuerpo durante cinco minutos. Después observa los grados que marca el termómetro; ésa será la temperatura corporal. Ahora sacude el termómetro hasta que descienda el mercurio por debajo de la primera medición, hazlo entre una y otra toma de temperatura.

Si tienes dudas pregúntale a tu maestro.

Como medida de higiene, limpia el termómetro con agua y jabón cada vez que tomes la temperatura. Con base en los resultados de la tabla, contesta las siguientes preguntas.

¿Cuál fue la temperatura más alta que tomaste?

_____

¿Cuál fue la temperatura más baja?

_____

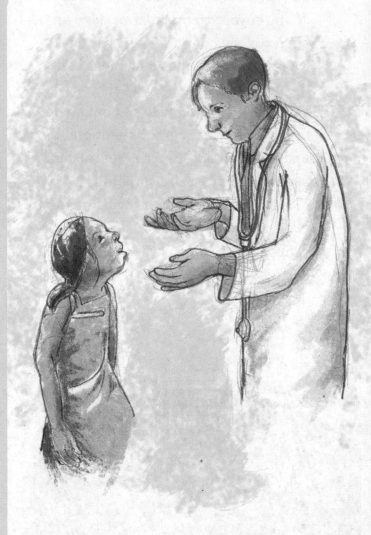

Un dato interesante

La disminución de temperatura (hipotermia) y la elevación de temperatura (fiebre) son síntomas de que no se está bien de salud. La fiebre es un mecanismo de defensa de nuestro cuerpo para combatir una infección provocada por microorganismos o por algunas inflamaciones. La fiebre superior a 40°C es muy peligrosa, ya que puede dañar el sistema nervioso.

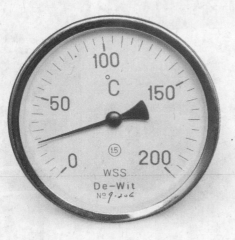

Termómetro de autoclave

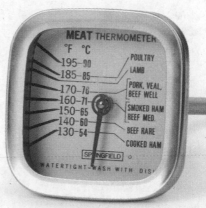

Termómetro de horno

Como viste en la actividad anterior, el rango de temperatura normal del cuerpo humano varía entre 36 y 37°C. Pero si la temperatura de un compañero está fuera de ese rango, es importante que acuda al médico.

Termómetro industrial

Los alimentos frescos
se conservan
mejor refrigerados.

La temperatura

Investiga.

Investiga en comercios que
trabajen con alimentos frescos
(leche, queso, carne, etcétera) y
en centros de salud, así como en
tu propia casa, qué temperatura
mantiene el refrigerador. Registra
los datos en tu cuaderno.

Averigua por qué es
importante que los alimentos,
algunas medicinas y otros
productos estén refrigerados.
Comenta tus respuestas con
el grupo.

Botellas y recipientes de laboratorio
en refrigeración

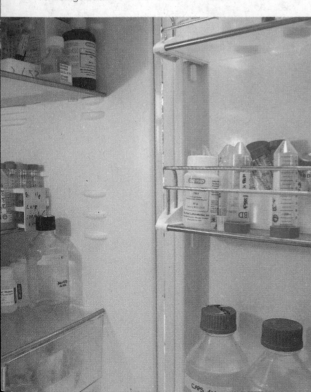

Carne de cerdo
en refrigeración

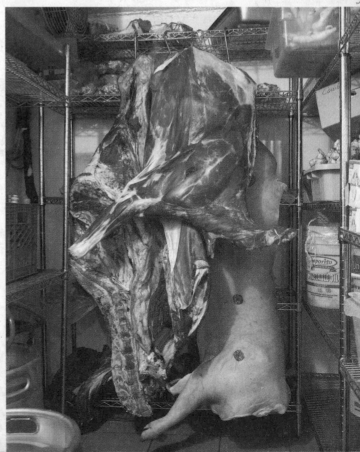

Lava caliente,
Parque Nacional de Volcanes, Hawai

Un dato interesante

Durante la erupción de un volcán es común
que éste expulse lava, un material fundido
e incandescente que sale del interior de la
Tierra. La lava alcanza una temperatura de
800 a 1200 grados Celsius (°C) y al enfriarse
se convierte en roca.

Para que puedas comparar dicha temperatura,
el agua que hierve en una olla en la cocina se
encuentra aproximadamente a 100 °C.

Consulta en...
Museo de Geología de la UNAM, origen de la lava
y algunos ejemplos:
http://sepiensa.org.mx/contenidos/2008/t_
museogeologia/p3.html

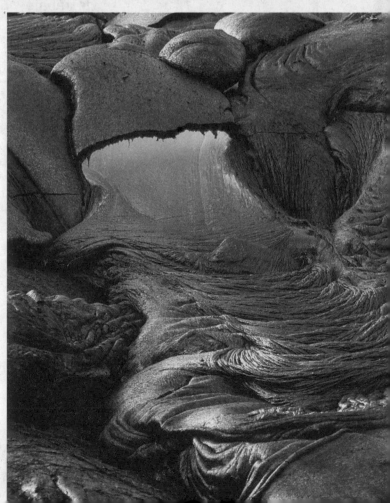

Fragmentos de lava
expulsados al aire, Kalapana,
Kilauea, Hawai

Durante el desarrollo de
este tema aprenderás
a relacionar la fuerza
aplicada sobre los objetos
con algunos cambios
producidos en ellos.

Asimismo, reconocerás
la aplicación de fuerzas
en distintos dispositivos
o instrumentos de uso
cotidiano.

TEMA 3

Efectos de las fuerzas en los objetos

¿Por qué los objetos cambian de movimiento, posición o
dirección? ¿Cómo es que podemos modificar la forma de
algunos cuerpos? Comenta tus respuestas con tu grupo y
elabora en tu cuaderno algunos dibujos para ilustrar las
conclusiones a las que llegaron.

Todos los días aplicas una fuerza al realizar distintas
actividades, por ejemplo, al cargar tu mochila, al lanzar una
pelota, al empujar una caja.

En la siguiente actividad comprobarás, junto con tu equipo
de trabajo, qué efectos tienen las fuerzas sobre los cuerpos.

¿Qué ocurre cuando aplico una fuerza?

Observa, reconoce y analiza.

Materiales
- Liga
- Pelota de esponja
- Globo
- Cubeta
- Trozo de plastilina o masa para tortillas

Manos a la obra. Tomen la liga con sus dedos por ambos extremos y jálenla; estiren cada vez más fuerte, cuidando de no romperla.

¿Qué le sucede a la liga?
_____

Presionen con las manos la pelota de esponja y observen.

¿Qué le sucede a la pelota?
_____

Llenen la cubeta hasta tres cuartas partes de agua e introduzcan el globo inflado.

¿Qué sienten al sumergir el globo?
_____

Una vez que está en el fondo, ¿qué sucede al soltarlo?_____
_____

Tomen un trozo de plastilina o masa para tortillas, presiónenlo con un dedo y luego dejen de presionar. ¿Qué le sucedió a la masa?
_____

En cada caso aplicaron una fuerza a un cuerpo y observaron distintas reacciones. Expliquen qué efectos tuvo la fuerza en cada uno de los cuerpos y comenten en grupo sus respuestas. _____
_____
_____

Al aplicar una fuerza a un cuerpo, éste puede deformarse, es decir, cambiar su forma. Sucedió cuando jalaste la liga, presionaste la pelota de esponja y la plastilina. Y si un cuerpo está en reposo y se le aplica fuerza, puede comenzar a moverse; por ejemplo, cuando empujas una caja o levantas tu mochila.

Fuerza

En la experiencia del globo, al sumergirlo sentías la resistencia del agua para llevarlo hasta el fondo, tuviste que aplicar mayor fuerza para hacerlo, y al soltarlo regresó de inmediato a la superficie.

Aplicas fuerza en todas las actividades que realizas, tanto en los juegos como en las labores diarias. Existen diferentes herramientas que nos facilitan el trabajo haciendo que apliquemos menos fuerza al realizarlo. En equipo, lleva a cabo la siguiente actividad para comprobarlo.

Fuerza

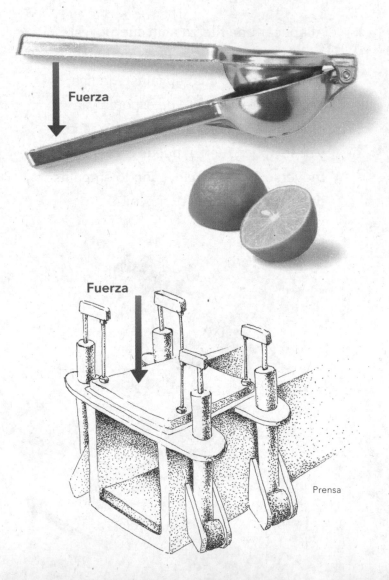

Fuerza

Fuerza

Prensa

Útiles y necesarias... las herramientas

Comparo, observo y reflexiono.

Materiales
- Dos limones cortados en mitades
- Exprimidor de limones
- Recipiente

Manos a la obra. Expriman dos mitades de limón con la mano.

Ahora utilicen el exprimidor de limones para exprimir las otras dos mitades.

¿Cómo fue más fácil, con la mano o con el exprimidor?

_____

¿Por qué el uso de herramientas es importante en la vida diaria?

_____

_____

Comenta con tus compañeros qué instrumentos en los que se apliquen fuerzas conocen, y anótalos en tu cuaderno.

Fuerza

Fuerza

Fuerza

Fuerza

Fuerza

Un dato interesante

En una ocasión el filósofo, inventor y matemático griego Arquímedes (287-212 a.C.) dijo que en un barco subiría la mayor cantidad de gente y armamento, y que desde una silla, cómodamente sentado, lo sacaría del mar. ¡Y así lo hizo!, utilizando un sistema de poleas (la polea es una rueda acanalada con un eje en su centro la cual tiene movimiento por la que pasa una cuerda o línea de acero). Podemos cargar objetos muy pesados, por ejemplo el motor de un coche, utilizando un sistema de poleas llamado polipasto.

Fuerza

Fuerza

Las máquinas son herramientas que facilitan el trabajo; en ocasiones son tan simples como un martillo, un exprimidor de limones, una rueda, una polea, un tornillo y un rodillo.

Fuerza

■■■▪ PROYECTO

Reto con los materiales y la temperatura

Al realizar este proyecto aplicarás tus conocimientos acerca de las características de los materiales, seleccionarás aquellos que sean más adecuados para construir un barco o un termómetro, y evaluarás los procesos empleados en la elaboración de estos artefactos.

En la realización de tu proyecto debes considerar la naturaleza de los materiales que usarás. Recuerda que el barco debe flotar y el termómetro servirá para medir la temperatura del ambiente.

Para la realización del proyecto solicita la ayuda de tu profesor.

Planeación

Organízate con tu equipo de trabajo para realizar el proyecto, asignen distintas funciones a cada miembro. Decidan cuál de los dos dispositivos realizarán y con cuáles materiales lo harán. Se sugiere que realicen un plano o dibujo del dispositivo que van hacer. Investiguen en diferentes fuentes, como libros, revistas e internet, para esto pidan orientación a su profesor.

El siguiente cronograma puede ayudarles a planear su proyecto, complétenlo con las necesidades particulares de éste.

Tarea	Tiempo que le dedicarán
Investigar en libros, enciclopedias e internet cómo hacer el dispositivo.	
Conseguir el material para elaborar el dispositivo.	
Elaborar el dispositivo.	
Presentarlo ante el grupo.	

Desarrollo

Al elaborar su dispositivo es importante que manejen con cuidado los materiales, ya que algunos requieren una manipulación delicada; por ejemplo, si emplean el vidrio, consideren que es frágil, se rompe y se pueden cortar.

Termómetro casero de alcohol

De acuerdo con el tipo de materiales que escogieron, anticipen qué sucederá con su dispositivo respondiendo preguntas como éstas:

¿El material que escogieron para hacer el barco permitirá que flote?

¿El material que eligieron para hacer su termómetro hará que éste funcione?

En el caso de la elaboración de un termómetro, ¿cómo podrían establecer una escala?

Con el termómetro pueden, por ejemplo, realizar mediciones de la temperatura ambiental en la mañana, a mediodía y en la tarde. Completen la siguiente tabla.

Lectura del termómetro			
	Mañana	Mediodía	Tarde
Primer día			
Segundo día			
Tercer día			

Comparen las mediciones de su termómetro casero con otras realizadas con uno comercial. ¿Qué tan preciso es su termómetro?

Antes de hacer su barco pueden probar varias veces diversos materiales para conocer su resistencia al agua: si flota, si al humedecerse deja de flotar o si al agregar peso sigue flotando. Pueden reunir la información en una tabla como la siguiente:

Tipo de material	
Resistencia al agua	
¿Flota?	
Peso que soporta al flotar	

Escojan el material más adecuado para su barco.

Comunicación

Presenten sus trabajos frente al grupo.

Expliquen por qué escogieron esos materiales y no otros.

Con base en las mediciones de temperatura que hicieron, mencionen qué tan preciso es su termómetro.

Presenten la tabla de las pruebas que realizaron a los materiales para hacer su barco.

Por último, mencionen cómo podrían mejorar sus dispositivos. Justifiquen sus propuestas.

Evaluación

Al realizar este ejercicio podrás conocer tu desempeño en el trabajo en equipo. Es importante que reflexiones al respecto para mejorar cada vez más.

	Sí	No	A veces	¿Cómo puedo mejorar?
Propuse ideas para elaborar el proyecto.				
Apliqué mis conocimientos acerca de las características de los materiales en el desarrollo del proyecto.				
Seleccioné los materiales más adecuados para construir un barco o un termómetro.				
Evalué los procesos empleados y los productos obtenidos en el proyecto.				
Compartí mis sugerencias y escuché las de mis compañeros.				
Comprendí y expliqué el funcionamiento del dispositivo que ayudé a construir.				

Evaluación

Para contestar lo siguiente será necesaria toda tu atención. Concéntrate en cada enunciado y elige la opción que lo complete correctamente.

1. La unidad más usada para medir la masa de los cuerpos es el:
   a. Metro
   b. Kilogramo
   c. Litro
   d. Segundo

2. El espacio que ocupa un cuerpo se llama:
   a. Capacidad
   b. Peso
   c. Volumen
   d. Masa

3. La cantidad de materia que contiene un cuerpo se llama:
   a. Kilogramo
   b. Volumen
   c. Masa
   d. Litro

4. Una unidad de medida de la capacidad es el:
   a. Volumen
   b. Litro
   c. Centímetro cúbico
   d. Decímetro cúbico

5. Un instrumento que sirve para medir la temperatura es:
   a. El reloj
   b. La regla
   c. El termómetro
   d. La máquina

6. Una unidad que sirve para medir la temperatura es el:
   a. Grado Celsius
   b. Centímetro
   c. Segundo
   d. Gramo

7. Describe brevemente la respuesta. Al aplicar fuerza a un objeto, éste puede producir un cambio en su:

   _____

   _____

   _____

8. Enrique y Juan competirán en un concurso para atornillar el mayor número de pijas a una tabla. Juan utilizará una moneda porque piensa que puede hacerlo más rápido, mientras que Enrique utilizará un desarmador. Explica quién tiene más posibilidades de ganar y por qué.

   _____

   _____

   _____

Autoevaluación

Es momento de revisar lo que has aprendido en este bloque. Lee cada enunciado y marca con una (√) el nivel que hayas logrado. Así podrás reconocer tu desempeño al realizar el trabajo en equipo y de manera personal.

	Siempre	Lo hago a veces	Difícilmente lo hago
Identifico la masa y el volumen de los cuerpos.	◯	◯	◯
Reconozco que la masa, el volumen y la temperatura son propiedades medibles de los objetos.	◯	◯	◯

¿En qué otras situaciones puedo aplicar lo que aprendí en el proyecto?

_____

_____

	Siempre	Lo hago a veces	Difícilmente lo hago
Participé de manera colaborativa en las actividades del proyecto.	◯	◯	◯
Expresé curiosidad e interés en plantear preguntas y buscar respuestas para el proyecto.	◯	◯	◯
Propuse soluciones a los problemas que encontramos al realizar el proyecto.	◯	◯	◯

Me propongo mejorar en:

_____

_____

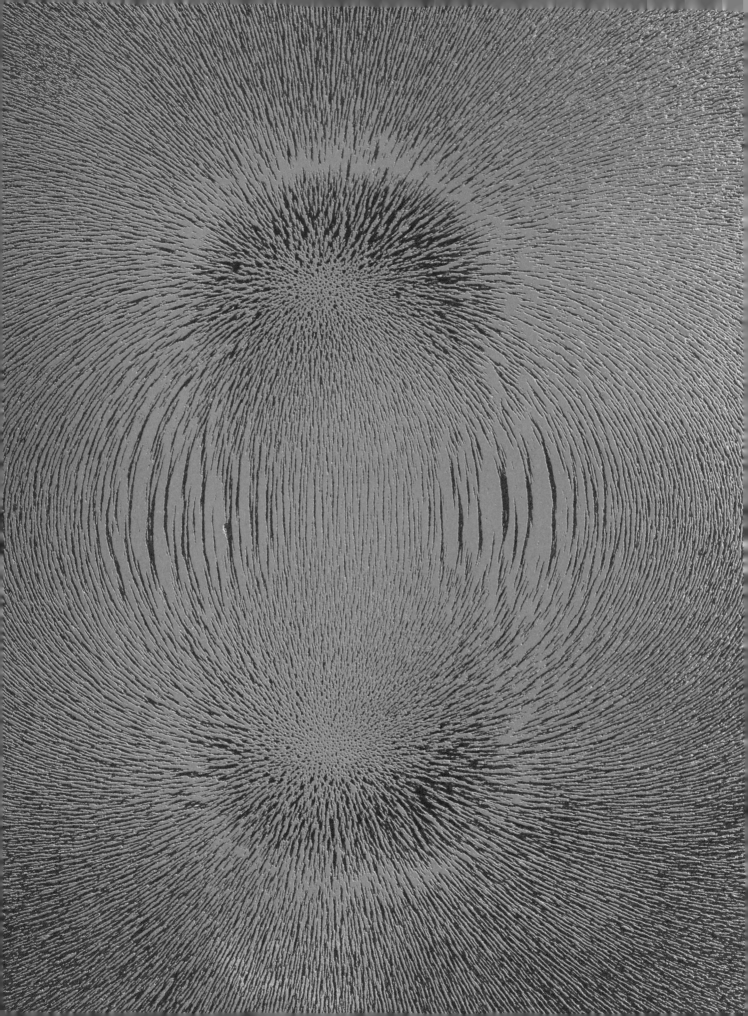

¿Qué efectos produce la interacción de las cosas?

ÁMBITOS:
- EL CAMBIO Y LAS INTERACCIONES
- LA TECNOLOGÍA
- EL CONOCIMIENTO CIENTÍFICO

Imán de barra
con limadura
de hierro. El imán
crea un campo
magnético que
atrae a la limadura.

Durante el desarrollo de este tema deducirás algunas características de la luz a partir de su interacción con los objetos.

Asimismo, aprenderás a reconocer la aplicación de algunas características de la luz en el funcionamiento de diversos aparatos, para satisfacer nuestras necesidades.

TEMA 1

Características de la luz y su importancia

Si cerraras tus ojos, ¿podrías caminar por el salón sin caerte ni golpearte con alguna banca? ¿Cómo localizarías un lápiz?

Podemos apreciar los objetos gracias a la interacción de la luz con ellos. ¿Qué fenómeno nos permite ver los objetos cuando la luz los toca o pasa a través de ellos? ¿Qué otras interacciones existen entre los objetos y la luz? Comenta tus respuestas con tus compañeras y compañeros.

Sombra de una camioneta con bicicleta que se mueve a gran velocidad

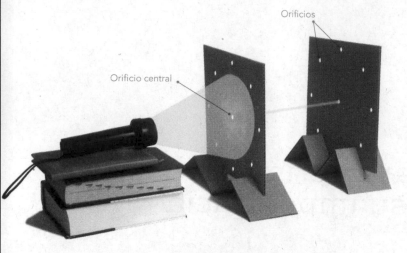

Orificios

Orificio central

La trayectoria de la luz

Elabora, observa y explica.

En equipos y con la dirección de su profesor realicen los siguientes experimentos.

Materiales
- Linterna
- Dos cartulinas de 15 x 15 cm
- Dos tiras de cartón de 25 x 5 cm
- Algunos libros (servirán de soporte para la linterna)
- Tela negra o cartoncillo negro, suficiente para cubrir las ventanas del salón
- Hoja de cuaderno

Manos a la obra. Cubran las ventanas del salón con la tela o el cartoncillo negro.

Construyan dos soportes con las tiras de cartón, como se observa en la ilustración.

Con la punta de un lápiz hagan un orificio en el centro de las cartulinas; para localizar el centro tracen dos diagonales en forma de X desde las esquinas, el punto de intersección será el centro.

Hagan otros orificios aproximadamente a 15 cm del centro.

Coloquen cada cartulina en los soportes y alineen éstos lo más posible entre sí, uno detrás del otro, con una separación de 20 a 25 cm.

Apilen suficientes libros para que al poner sobre ellos la linterna ésta quede justo en el orificio del centro de una de las cartulinas.

Acomoden la pila de libros y la linterna frente a esa cartulina. Enciendan la linterna.

Un miembro del equipo deberá localizar el rayo de luz por el orificio central, colocando la hoja del cuaderno o la palma de su mano, para ello puede ajustar la posición de la cartulina en su cuaderno. Una vez que lo haya localizado, ya no debe moverla. Observen por los otros orificios. Comenten y escriban sus respuestas en su cuaderno.

¿Cómo es posible ver el rayo de luz por los otros orificios?

¿Qué nos indica esto sobre la dirección de los rayos de luz?

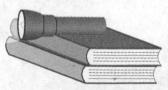

La luz viaja en línea recta, por eso no pudiste ver el rayo de luz en los orificios que no estaban alineados. Al camino que recorre la luz se le llama trayectoria. En la actividad anterior no hubo ningún cuerpo que impidiera el camino de la luz; ésta siempre viajó en el mismo medio: el aire. ¿Qué sucede cuando un cuerpo se interpone en la trayectoria de la luz?

¿Hay obstáculos para la luz?

Experimenta, observa y clasifica.

Materiales
- Linterna
- Vaso de vidrio
- Trozo de plástico transparente rígido (mica)
- Forro de plástico transparente de algún libro
- Bolsa de plástico inflada con aire y cerrada
- Hoja de papel albanene
- Hoja de papel de China blanco
- Rama de árbol
- Balón
- Libro
- Tela negra o cartoncillo negro suficiente para cubrir las ventanas del salón (una opción es usar una caja de cartón pintada de negro)

Manos a la obra. Trabajen en equipo.

Cubran las ventanas de su salón con la tela o el cartoncillo. Coloquen todos los objetos frente a una pared despejada. Con la linterna iluminen uno por uno cada objeto de tal manera que éste quede entre la fuente luminosa y la pared. Para cada objeto acerquen y alejen la linterna.

Sombra definida   Sombra parcial

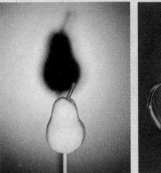 

Contesten:

¿Qué observan en la pared?_____

_____

_____

Completen el siguiente cuadro, indicando qué ocurrió con la luz al llegar a los objetos. ¿Qué relación hay entre el tipo de material y el comportamiento de la luz? _____

_____

Objeto	¿Lo atraviesa la luz? Sí /No	¿Forma una sombra definida? Sí/No	¿Forma una sombra parcial? Sí/No
Vaso de vidrio			
Mica			
Forro de plástico			
Bolsa de plástico inflada			
Papel albanene			
Papel de China blanco			
Rama de árbol			
Balón			
Libro			

Los cuerpos opacos proyectan una sombra definida: la umbra.

Como pudiste observar, existen cuerpos que no dejan pasar la luz y forman una sombra definida; a estos cuerpos se les conoce como opacos. Otros dejan pasar parcialmente la luz y producen una sombra muy tenue (sombra parcial); a éstos se les llama traslúcidos, y los que dejan pasar la luz casi totalmente se denominan transparentes.

Los cuerpos opacos proyectan una sombra más definida, conocida como umbra. La palabra umbra señala la parte más oscura de una sombra.

En la umbra la fuente de luz es completamente bloqueada por el objeto que causa la sombra.

Los cuerpos traslúcidos proyectan una sombra parcial conocida como penumbra que se da porque la fuente de luz es bloqueada parcialmente por el objeto. La palabra penumbra significa casi-sombra.

Traslúcido o transparente

Observa, clasifica e identifica.

Observen los objetos que están a su alrededor y enlístenlos en la tabla, indiquen con una (✓) si son opacos, traslúcidos o transparentes.

Objeto	Opaco	Traslúcido	Transparente
1.			
2.			
3.			

Ahora, con sus propias palabras expliquen por qué son opacos, traslúcidos o transparentes algunos objetos.

Los cuerpos traslúcidos proyectan una sombra parcial: la penumbra.

Las propiedades de los materiales opacos, traslúcidos y transparentes nos permiten utilizarlos para un fin determinado. Por ejemplo, para impedir el paso de la luz exterior al salón de clases utilizaste el cartoncillo negro, un material opaco; para fabricar lentes se usa un material transparente, como la mica o el vidrio, y en casa se usan algunas veces cortinas de materiales traslúcidos para evitar que del exterior se vea el interior pero entre suficiente luz.

La fuente principal de luz es el Sol, pero existen otras fuentes, como el fuego, los focos o bombillas eléctricas y los tubos de luz o focos de neón. Desde estas fuentes la luz se propaga iluminando todo a su paso.

Pared traslúcida a través de la cual pasa la luz.

Un dato interesante

Las características de los cuerpos traslúcidos se utilizan en algunos espejos que se instalan en los centros comerciales, centros de detención y algunas sucursales bancarias. Son espejos traslúcidos en los cuales las personas que están detrás del espejo te pueden observar, pero tú a ellos no los puedes ver.

Foco de luz fría

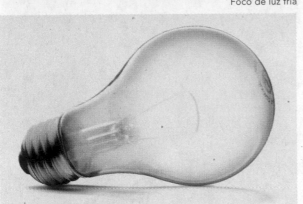

Foco incandescente

¿Te ha pasado que en la noche caminando por una calle solitaria viste la sombra de lo que parecía ser un animal enorme o un gigante? Si no te hubieras espantado y te hubieras quedado en el mismo lugar te habrías dado cuenta de que se trataba de un animal o una persona de tamaño normal, sólo que en un momento su sombra se proyectó más grande. ¿A qué se debe que un mismo objeto proyecte sombras de distinto tamaño?

Teatro de sombras

Experimenta, identifica y reconoce.

Materiales
- Una linterna
- Una cartulina negra
- Tijeras
- Cinta adhesiva
- Un palito de madera de unos 30 cm

Manos a la obra. En equipo dibujen en la cartulina la figura que deseen, recórtenla con las tijeras y péguenla al palo con la cinta adhesiva.

Coloquen la figura entre la linterna y una pared, como lo hicieron con los objetos en la actividad anterior.

Acerquen y alejen la figura de la linterna y de la pared.

¿Qué sucede en la pared cuando la figura está cerca de la linterna?

_____

¿Qué pasa cuando alejan la figura?

_____

¿Qué sucede cuando mueven la figura en distintas direcciones respecto de la linterna?

_____

Experimenten también con las sombras de su cuerpo, acercándose o alejándose de una fuente de luz. En su cuaderno dibujen y expliquen cómo fue el tamaño de las sombras.

La forma y el tamaño de la sombra dependen de la posición de la fuente de luz.

El tamaño de la sombra de un mismo objeto varía dependiendo de su cercanía o lejanía a la fuente de luz. Cuando el objeto opaco se encuentra cercano a la fuente de luz proyecta una sombra más grande que cuando se encuentra lejos. ¿Por qué sucede esto si la trayectoria de la luz va en línea recta? En la actividad, al utilizar las cartulinas bloqueaste prácticamente toda la luz que emitía la linterna y sólo dejaste pasar un haz, con lo que observaste la trayectoria recta de la luz. Pero de la linterna no sólo sale un haz de luz, sino muchos y en distintas direcciones, es decir, en forma radial. Así, cuando el objeto se encuentra cerca de la linterna impide el paso de gran parte de la luz que ésta emite, por eso proyecta una sombra grande. A medida que el objeto se aleja, bloquea menos haces de luz y por eso proyecta una sombra pequeña.

Posición del objeto y la fuente de luz

| Objeto lejos de la fuente de luz. | Objeto en posición intermedia respecto a la fuente de luz. | Objeto cerca de la fuente de luz. |

Sombra que proyecta

Eclipse solar. Se observan los rayos dispuestos en forma radial.

Un dato interesante

Los eclipses son fenómenos conocidos por el ser humano; ya los antiguos mayas los predecían con precisión. Aun así, cuando ocurren no dejan de maravillarnos. Los eclipses son consecuencia de la sombra que proyecta un astro al obstruir la luz del Sol. Un eclipse solar ocurre cuando la Luna se interpone entre el Sol y la Tierra, y un eclipse lunar cuando la Tierra se interpone entre el Sol y la Luna.

La corona del Sol totalmente eclipsado brilla con intensidad. Fotografía tomada desde un avión, Canadá.

Reloj solar.

¿Te has fijado que en el transcurso del día las sombras que proyectan los árboles, casas y edificios cambian de posición? Esta variación permitió medir el tiempo antes de que existieran relojes como los que utilizamos ahora.

El reloj solar

Elabora y explica.

Materiales
- Disco de cartón del tamaño de un plato
- Varita de madera de 10 a 15 cm de longitud
- Tijeras
- Lápiz
- Reloj

Manos a la obra. En equipo, con la ayuda de un adulto, hagan un agujero en el centro del disco e introduzcan en él un tercio de la varita de madera como se ilustra en la imagen superior.

En un área donde haya luz solar la mayor parte del día, claven el disco en la tierra por el lado del palo que sobresale del disco (el más pequeño).

Cuando el reloj marque una hora en punto, señalen con el lápiz la posición de la sombra que proyecta la varita en el disco y escriban a un lado la hora.

Repitan la operación cada hora. No olviden anotar la hora que corresponde. Comenten las respuestas a las siguientes preguntas.

¿Por qué la posición de la sombra proyectada cambió al pasar el tiempo?_____

Si dejan el disco en el lugar donde lo clavaron, ¿podrían usarlo para saber la hora del día?_____

¿Qué pasaría si lo cambiaran de lugar?

_____

_____

Durante el día la posición de la Tierra cambia respecto a la del Sol; en consecuencia cambia también la dirección de los rayos solares. De ahí que en el caso del experimento anterior la sombra del palo del reloj de sol se desplace. Cuando el Sol está en su punto más alto (mediodía), se proyectan sombras cortas, mientras que cuando está bajo (en el atardecer, cuando el Sol se está metiendo) las sombras se proyectan más largas.

Las características de la luz han sido aprovechadas por el ser humano; un ejemplo es el reloj de sol como el que acabas de construir, pero existen aparatos que utilizan estas características en situaciones diarias y comunes. ¿Qué aparatos son?, ¿para qué se utilizan?, ¿cuántos aparatos conoces que funcionan con base en estos principios?

Reloj de sol. El observatorio celestial histórico Jantar Mantar, construido en 1728 en Jaipur, India.

La función de la luz

Investiga e identifica.

En equipos, busquen información de aparatos que emitan luz. Organicen su información en un cuadro.

Comparen su cuadro con el de sus compañeros y elaboren entre todos uno solo que contenga toda la información. ¿Cuáles de estos aparatos utilizan con frecuencia? ¿Cuál les parece más útil? ¿Por qué? _____

_____

_____

La luz de un faro guía a los barcos hasta el puerto.

Como te das cuenta, la luz, las sombras, la transparencia u opacidad de los objetos se aprovechan en diferentes artefactos para satisfacer necesidades del ser humano. Ejemplo de ello son las linternas utilizadas como fuentes portátiles de luz, los faros que sirven para guiar a los barcos hasta el puerto cuando se acercan a la costa, los focos de todo tipo, los relojes de sol, los vidrios opacos y traslúcidos para ventanas y muchos otros.

Durante el desarrollo de este tema describirás algunas características del sonido a partir de la interacción de los objetos.

Asimismo, reconocerás las aplicaciones del sonido en aparatos e instrumentos de uso cotidiano.

TEMA 2

Características del sonido y su aplicación

Los seres humanos nos comunicamos con sonidos, emitimos palabras para expresar nuestros pensamientos, estados de ánimo y deseos. Pero no sólo nos comunicamos con palabras: cuando un bebé tiene apetito lo comunica con su llanto, y sabes cuándo comienza el recreo por el sonido de una campana. Además, cuando el sonido está organizado en forma de música te entretiene, alegra, relaja o te invita a bailar. La música forma parte de la tradición de las distintas regiones y los países.

También en la naturaleza existen sonidos, como los que emiten las aves, los producidos por un río, el mar y el aire cuando pasa por los árboles. ¿Cómo podemos generar un sonido? ¿Cuáles son sus características?

Sonidos diversos

Reconoce e identifica.

Materiales

- Dos reglas de madera, de 30 cm
- Dos reglas de metal de 30 cm
- Dos reglas de plástico de 30 cm
- Cinta adhesiva
- Un popote largo
- Tijeras

Manos a la obra. Formen equipos para trabajar. En el borde de una mesa fijen las reglas con la cinta adhesiva de la siguiente manera: las reglas del mismo material deben quedar una al lado de la otra con una separación de 5 cm entre ellas; una de cada material debe sobresalir del borde de la mesa 18 cm y la otra 26 cm.

Hagan vibrar cada regla, primero la más corta y después la más larga de cada material, empujando hacia abajo con el dedo índice su borde exterior y soltándolo; un compañero puede presionar con la palma de su mano la parte de la regla que está fija en la mesa para que no se caiga. Escuchen con atención.

Formen una boquilla con el popote apretando uno de sus extremos. La boquilla deberá ser de aproximadamente 2 cm.

Soplen fuerte por la boquilla. Escuchen con atención.

Corten 2 cm del extremo contrario a la boquilla y vuelvan a soplar. Escuchen. Repitan la operación hasta que el popote sea de 14 cm. Escuchen con atención.

¿Qué se produce al hacer vibrar las reglas y soplar por el popote? _____

_____

¿Qué diferencias perciben al vibrar las reglas cortas y las largas?_____

_____

¿Cómo influye el material del que están hechas las reglas? _____

_____

¿Qué diferencias notan al reducir la longitud del popote y soplar?_____

_____

_____

_____

Como observaste en el
experimento, al vibrar las reglas
y soplar por el popote se produce
un sonido que percibes porque viaja
a través del aire hasta tus oídos.

El sonido no sólo viaja por el
aire, también lo hace en materiales
sólidos y líquidos, por eso puedes
escucharlo cuando estás bajo el
agua y con los teléfonos hechos con
vasos de plástico y unidos entre sí
por un hilo.

Cuando escuchas música
puedes distinguir los sonidos de
distintos instrumentos musicales,
también si los sonidos son graves
o agudos, y en ocasiones bajas el
volumen del radio cuando te resulta
molesto. Esto se debe a que el
sonido tiene ciertas características.
¿Sabes cuáles son?

Sonidos

Elabora, demuestra y describe.

En equipo realicen una de las siguientes experiencias; procuren
que la mitad del grupo haga la primera y el resto la segunda.

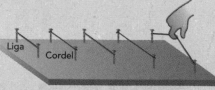

Materiales
Experiencia 1
- Tabla de madera de 30 x 20 cm
- 10 clavos
- Tres ligas de diferentes tamaños
- Tres cuerdas o cordeles de
  diferentes tamaños

Experiencia 2
- Cinco abatelenguas o segmentos
  de madera de 14.5 cm
- Cinta adhesiva
- Martillo

Experiencia 1

Manos a la obra. Con la ayuda de un adulto claven una fila
de clavos en uno de los extremos largos de la tabla con una
separación de 5 cm entre ellos. Deben tener mucho cuidado
para evitar accidentes con el martillo.

Frente a cada clavo de la hilera anterior claven otro. La
separación entre ellos deberá disminuir: el primero a 15 cm,
después a 12, 10, 7 y 5 cm. Vean la ilustración.

En los clavos que quedaron uno frente al otro sujeten una
liga y un cordel alternadamente; deben quedar tensos.

Levanten y suelten cada liga y cordel.

Experiencia 2

Coloquen los abatelenguas en la orilla de una mesa de tal
forma que el primero sobresalga de la mesa 2.5 cm, el segundo
5 cm, el tercero 7.5 cm, el cuarto 10 cm y el último 12.5 cm
(vean la ilustración). Sujétenlos a la mesa con la cinta adhesiva y
presiónenlos con una mano.

Como lo hicieron con las reglas,
hagan vibrar los abatelenguas.

¿Qué diferencias aprecian entre el sonido que produce la
vibración de las ligas y el de los cordeles?_____

_____

¿Qué diferencias notan entre los sonidos producidos al vibrar
los abatelenguas que sobresalen a diferentes distancias?

_____

Intérpretes de música jarocha

En la actividad anterior produjiste distintos sonidos. Podemos distinguir sonidos por las siguientes características: tono, intensidad y timbre. El tono puede ser agudo, como la voz de un niño de tu edad o de un silbato de cartero; o grave, como la voz de un hombre adulto. La intensidad se refiere al volumen de ese sonido: puede ser alto o bajo. El timbre depende de las características físicas de la fuente que emite el sonido y de cómo se produce: es el sonido particular de un objeto o persona, por ejemplo el que emite un violín o una trompeta. En el experimento que acaban de realizar existieron tantos timbres como instrumentos elaboraron, y emitieron sonidos diferentes.

¿Qué tipo de sonido es?

Identifica y clasifica.

De acuerdo con los instrumentos que elaboraron y que hicieron sonar, describan las siguientes características.
Grave/agudo:

_____

_____

Mayor intensidad/menor intensidad:

_____

_____

En una orquesta se utilizan diferentes tipos de instrumentos musicales: de viento, de cuerda, de percusión, entre otros.

Un músico toca el acordeón

Los instrumentos musicales

Investiga, elabora y clasifica.

La música que se produce en las distintas regiones de nuestro país es característica; forma parte de nuestra cultura. En equipo, investiguen qué instrumentos músicales se usan en las festividades del lugar donde viven. Clasifíquenlos en instrumentos de viento, de cuerda, de percusión y eléctricos; describan la forma en que producen el sonido y dos de sus características: tono e intensidad.

Por último, elaboren un instrumento musical con materiales de reúso. Puede ser sencillo o tan complejo como quieran; recuerden que la imaginación no tiene límites.

Un conchero toca un instrumento musical en una festividad mexicana.

Los mariachis también tocan varios instrumentos.

Es importante tener presente en nuestra vida diaria el volumen de los sonidos que producimos o reproducimos. Cuando el volumen del sonido rebasa un valor determinado se convierte en un contaminante acústico. El exceso de ruido puede afectar tus oídos y tu sistema nervioso. La unidad utilizada para medir la intensidad del sonido es el decibel. Cada país establece las normas que regulan los niveles de sonido permitidos en sus regiones, y todas las personas debemos conocer y respetar estas normas; así protegemos nuestro cuerpo.

La ciencia y sus vínculos

Las técnicas de reproducción de música han mejorado considerablemente. Hace apenas tres décadas, para escuchar alguna melodía se utilizaban discos de vinilo, dispositivos de gran tamaño con mucha complejidad de operación.

En 1979 salieron al mercado los discos compactos, que permiten reproducir la música con mayor calidad y durabilidad. En la actualidad puedes almacenar gran cantidad de música y escucharla las veces que quieras en discos compactos, memorias USB y reproductores MP3.

En la siguiente tabla se señala el efecto en la salud de la exposición a una fuente de sonido durante varias horas al día.

Decibeles	Fuente de sonido	Efecto que causa
20	Zona rural de noche.	Ideal de tranquilidad.
30	Conversación amable.	Aceptable al oído del ser humano.
40	Música radial moderada.	Máximo tolerable en la noche.
50	Representación teatral. Conversación normal. Lluvia.	Máximo tolerable en el día.
60	Voz demasiado alta. Circulación urbana.	Reducción de la capacidad de trabajo. Molestia y falta de concentración.
80	Calle con mucho tráfico. Reloj despertador.	Encubrimiento de la conversación. Molestia.
100	Motocicleta. Bocina de automóvil.	Perjudicial para el oído del ser humano.
120	Música en una discoteca.	Muy perjudicial durante largos periodos.
130	Martillo. Remachador.	Umbral del dolor.
140	Taladro neumático.	Lesiones en el oído.
170	Ametralladora.	Lesiones graves en el oído.
180	Misil.	Puede causar la muerte.

La contaminación acústica o auditiva por la exposición a ruidos superiores a 85 o 90 decibeles al día durante varios días provoca daños irreversibles en la salud.

Durante el desarrollo de este tema describirás algunas características de los imanes a partir de sus interacciones.

Asimismo, clasificarás los materiales de acuerdo con sus propiedades magnéticas y explicarás su aprovechamiento en el entorno.

■■■ TEMA 3

Interacción de imanes y su aprovechamiento

Después de jugar en un día muy caluroso no se te antoja más que agua bien fría; abres el refrigerador, tomas el agua y justo antes de cerrarlo por completo sientes un pequeño jalón, como si la puerta se cerrara automáticamente. Esto llama tu atención, así que abres por completo el refrigerador y sueltas la puerta; verificas que el refrigerador en realidad no tiene un sistema de cierre automático. Cierras lentamente la puerta, pero a pocos centímetros de completar la acción, nuevamente sientes que se cierra por sí misma. ¿Por qué ocurre esto?

El disco duro de una computadora trabaja con magnetismo.

Me atraes

Experimenta, observa y clasifica.

Materiales

- Clavo de hierro
- Tornillo de acero
- Alambre de cobre de 5 cm
- Moneda de 50 centavos
- Moneda de 5 pesos
- Objeto de latón
- Vaso de vidrio
- Trozo de madera
- Envase de plástico
- Hoja de papel
- Trozo de tela
- Objeto de hule
- Imán
- Una lata de refresco

Manos a la obra. En equipo, acerquen lentamente el imán a cada uno de los materiales y completen el cuadro de la derecha con sus observaciones.

¿Cómo clasificarían los objetos?

_____

¿Qué características tienen en común los objetos que son atraídos por el imán?

_____

¿Qué sensación perciben cuando el imán está muy cerca de los objetos que atrae?

_____

Objeto	¿Es atraído por el imán?	
	Sí	No
Clavo de hierro		
Tornillo de acero		
Alambre de cobre		
Moneda de 50 centavos		
Moneda de 5 pesos		
Objeto de latón		
Vaso de vidrio		
Trozo de madera		
Envase de plástico		
Hoja de papel		
Trozo de tela		
Objeto de hule		

Cuando acercas un imán a algunos objetos metálicos éstos son atraídos hacia él; a esta propiedad se le conoce como magnetismo. Como notaste en la actividad, para que la atracción ocurra, el imán y el metal deben estar a poca distancia.

Los imanes son objetos que tienen la propiedad de atraer metales como el hierro, el níquel y el cobalto. Existen dos tipo de imanes; los naturales como la magnetita, mineral que se encuentra en la naturaleza y que tiene la capacidad de atraer pedazos de hierro aun sin tocarlos directamente. También existen los imanes artificiales, que adquirieron la capacidad de atraer otros objetos metálicos al ser frotados con ellos.

Existen muchos imanes de diferentes formas y tamaños, pero ¿todas las partes de un imán tienen la misma capacidad de atracción? Averígualo a continuación.

El imán atrae la
limadura de hierro.

Polos del imán

Limadura de hierro

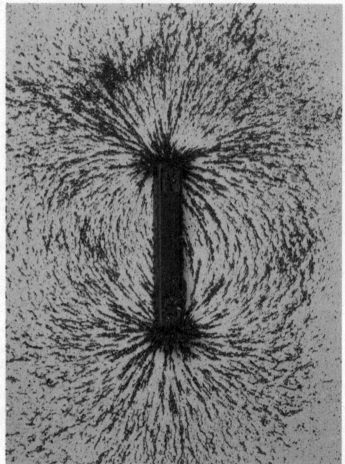

Limadura de hierro orientada alrededor de los
polos del imán. El campo magnético fluye en
curvas y la limadura se alinea con él.

Fuerzas alineadas

Experimenta, observa y concluye.

Materiales
- Imán rectangular o de herradura
- Limadura de hierro (residuos de metales
  que se consiguen en una herrería o una
  ferretería)
- Hoja de papel

Manos a la obra. En equipo coloquen el imán
sobre una mesa o superficie plana y encima
de él pongan la hoja de papel.

Con la punta de sus dedos esparzan la
limadura de hierro sobre la hoja y observen.
Cuiden de no mover la hoja de papel.

¿Qué sucede con la limadura de hierro?
_____

¿La limadura de hierro se distribuye
igualmente en toda la hoja?
_____

¿En qué regiones del imán se concentra
más la limadura de hierro?
_____

Dibujen en su cuaderno cómo se
acomoda la limadura de hierro sobre el papel
con el imán.

Como observaste en el experimento, la mayor
parte de la limadura de hierro se concentró en
los extremos del imán y en menos cantidad
en el resto. La mayor capacidad de atracción
de los imanes se concentra en sus extremos,
llamados polos. ¿Cómo interactúan los polos
de diferentes imanes?

¿Se atraen o se rechazan?

Experimenta e identifica.

Materiales

- Dos imanes de barra
- Cinta adhesiva

Manos a la obra. Trabajen en equipo. Marquen uno de los extremos de un imán con el número 1 y el otro extremo con el número 2 y fíjenlo a la mesa con la cinta adhesiva.

Experiencia 1

Acerquen un extremo del imán suelto al extremo 1 del imán fijo.
 ¿Qué sucede? _____
 Ahora, acérquenlo al extremo 2.
 ¿Qué sucede? _____

Experiencia 2

Hagan lo mismo con el otro extremo del imán suelto: primero acérquenlo al extremo 1 y luego al extremo 2.
¿Qué diferencias notaron con respecto a la experiencia anterior? _____
_____
_____

Tú y tu equipo de trabajo nombraron a los polos de un imán como 1 y 2. Usando esta misma terminología, ¿cómo designarían a los polos del otro imán? _____
_____

Presenten su respuesta a su maestro y después propongan un experimento para explicar cómo interactúan los polos de los imanes.

Al aproximar polos iguales de los imanes de barra, éstos se repelen o rechazan.

Imanes circulares. Se rechazan al colocar los polos de igual carga uno frente a otro.

En un mismo imán existen dos polos con comportamiento distinto. Cuando se acercan dos imanes por el mismo polo se rechazan, pero si los polos son diferentes se atraen. A los polos de un imán se les identifica como polo norte y polo sur.

La magnetita es un mineral magnético natural que atrae objetos metálicos como los clips.

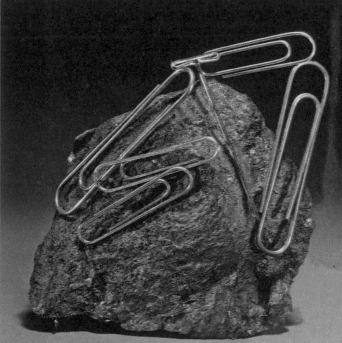

La utilidad de los imanes

Investiga y relaciona.

Busca en tu casa, en tu escuela y en lugares públicos, dispositivos y aparatos que tengan imanes, e investiga cuál es su función. Regístralos en el siguiente cuadro. En clase compara tu cuadro con el de tus compañeros y, con la guía de tu profesor, analicen juntos el uso de imanes en la vida cotidiana.

Dispositivo o aparato	Uso del imán en el dispositivo o aparato

La brújula es un instrumento que sirve para la orientación y utiliza el magnetismo para su funcionamiento. La aguja señala siempre el norte magnético de la Tierra.

Los refrigeradores utilizan imanes para conseguir el cierre de sus puertas.

El ser humano aprovecha el magnetismo en diferentes maneras; por ejemplo, la puerta de los refrigeradores tiene un hule en cuyo interior hay un imán, por eso cuando la puerta está casi cerrada sientes la atracción; algunos bolsos y estuches utilizan imanes para cerrarse y evitar que se abran accidentalmente; se imprime publicidad en imanes que se adhieren a superficies metálicas; también se utilizan potentes imanes para levantar grandes pesos de objetos metálicos, como la chatarra de hierro. Un instrumento muy antiguo que aprovecha el magnetismo es la brújula, que consiste en una aguja imantada que gira libremente pero siempre termina señalando hacia el polo norte terrestre.

Cono

Membrana de la bocina

Base

Imán

Corriente eléctrica

Base

Un dato interesante

Las bocinas tienen en su interior un imán con un cable enrollado (bobina). Al pasar electricidad por el cable, el imán atrae con diferente fuerza a la pequeña membrana que tiene enfrente y la hace vibrar. La vibración genera sonido, que es amplificado en un cono de cartón.

Un dato interesante

En Japón el Maglev, un tren de alta velocidad, en 2003 alcanzó una velocidad de 581 km/h. Este particular tren no tiene ruedas; funciona con imanes colocados en su parte inferior y en las vías. Los imanes de ambas partes tienen el mismo polo dirigido uno frente al otro, de tal manera que se rechazan y el tren flota sobre las vías. Los imanes del tren son activados y desactivados eléctricamente.

Tren superconductor Maglev, que funciona a base de imanes, Yamanashi, Japón.

Construcción de dispositivos musicales y magnéticos

En este proyecto pondrás en práctica los conocimientos del bloque para construir un dispositivo musical o uno magnético. Las siguientes preguntas te servirán de guía.

De los instrumentos musicales que conoces, ¿cuál te gustaría construir?, ¿cómo lo harías? Investiga.

De los dispositivos magnéticos que conoces, ¿cuál te gustaría elaborar?, ¿cómo lo harías? Investiga.

Planeación

Con tu equipo de trabajo decidan qué tipo de dispositivo van a construir: musical o magnético.

Asignen las tareas necesarias para la realización del proyecto y consideren el tiempo que les llevará cada una; para ello pueden tomar como base el siguiente cronograma.

Brújula casera

Tarea	Tiempo que le dedicarán
Investigar en compañia de un adulto en libros, enciclopedias e internet, cómo elaborar el dispositivo.	
Conseguir el material para elaborar el dispositivo.	1
Elaborar el dispositivo.	
Presentarlo ante el grupo.	

Juego de mesa que funciona con imanes

Si se deciden por el dispositivo musical deben elegir el tipo de instrumento, considerar sus características, los materiales con que lo elaborarán, la forma de construirlo y cómo lo harán producir distintos sonidos.

En caso del dispositivo magnético, pueden elaborar portallaves, portamonedas, sujetapapeles, brújulas o sistemas para mantener bolsas cerradas. Piensen qué necesidad cubrirán y el tipo de materiales que utilizarán.

Desarrollo

Una vez que terminen su investigación, construyan su dispositivo; para ello pueden hacer planos o dibujos. De los materiales que utilizarán, consideren las ventajas, las desventajas y los costos, prefieran materiales de reúso. Recuerden que los proyectos son trabajos colaborativos, por lo que todos los miembros del equipo deben participar en su realización.

Comunicación

Una vez que terminen su dispositivo, preséntenlo ante el grupo. Mencionen cuál es su uso, cómo lo elaboraron y cómo funciona; muestren los planos que hicieron.

Evaluación

Al realizar este ejercicio podrás conocer tu desempeño en el trabajo en equipo. Es importante que reflexiones al respecto para mejorar cada vez más.

Violín de Veichio. Escultura de Mario Martín del Campo, 2008.

	Sí	No	A veces	¿Cómo puedo mejorar?
Propuse ideas para elaborar el proyecto.	○	○	○	
Ayudé activamente en la elaboración del dispositivo.	○	○	○	
Realicé satisfactoria y puntualmente las tareas que me asignaron.	○	○	○	
Escuché y respeté la opinión de mis compañeros de equipo durante el proyecto.	○	○	○	
Comprendí y expliqué el funcionamiento del dispositivo que ayudé a construir.	○	○	○	

Evaluación

Para contestar lo siguiente será necesaria toda tu atención. Concéntrate en cada instrucción y realiza lo que se te pide.

1. Relaciona los siguientes objetos (columna izquierda) con su clasificación según sus características para permitir el paso de la luz (columna derecha).

   1. Vaso de vidrio
   2. Cuaderno
   3. Forro de plástico   a. Cuerpo opaco
   4. Paleta de una banca   b. Cuerpo traslúcido
   5. Papel de China blanco   c. Cuerpo transparente
   6. Mica

2. Menciona las características del sonido.

   _____

   _____

   _____

   _____

3. Contesta las siguientes preguntas.

   1. ¿Qué característica tienen los imanes?

      a. Poseen tono, intensidad y timbre.
      b. Presentan un polo norte y un polo sur.
      c. Funcionan con la vibración de los objetos.
      d. Aprovechan la transparencia y la opacidad de los objetos.

   2. La propiedad de los imanes que permite emplearlos en la vida cotidiana es que:

      a. Todas sus partes tienen la misma capacidad de atracción.
      b. Cuando sus polos son iguales se atraen y cuando son diferentes se repelen.
      c. Cuando sus polos son diferentes se atraen y cuando son iguales se repelen.
      d. Atraen a los materiales plásticos si éstos se encuentran a poca distancia.

Autoevaluación

Es momento de que revises lo que has aprendido en este bloque. Lee cada enunciado y marca con una (√) el nivel que hayas logrado. Así podrás reconocer tu desempeño al realizar el trabajo en equipo y de manera personal.

	Siempre	Lo hago a veces	Difícilmente lo hago
Reconozco algunas características de la luz a partir de su interacción con los objetos.	○	○	○
Describo algunas características de los imanes a partir de sus interacciones.	○	○	○

¿En qué otras situaciones puedo aplicar lo que aprendí en el proyecto?

_____

_____

	Siempre	Lo hago a veces	Difícilmente lo hago
Participé de manera colaborativa en las actividades del proyecto.	○	○	○
Expresé curiosidad e interés en plantear preguntas y buscar respuestas para el proyecto.	○	○	○
Escuché con atención las explicaciones de los otros equipos.	○	○	○
Respeté las opiniones que de mi proyecto hicieron los otros equipos.	○	○	○

Me propongo mejorar en:

_____

_____

_____

¿Cómo conocemos?

ÁMBITOS:
- EL CAMBIO Y LAS INTERACCIONES
- EL AMBIENTE Y LA SALUD
- EL CONOCIMIENTO CIENTÍFICO

Fotografía satelital
de la Tierra
y la Luna.

Durante el desarrollo de este tema explicarás las fases de la Luna al considerar su movimiento respecto de la Tierra.

Asimismo, apreciarás las aportaciones de algunas culturas para medir el tiempo a partir de las fases de la Luna.

Las fases de la Luna

Los satélites son cuerpos opacos que giran alrededor de un planeta. Los hay de origen natural y artificial; estos últimos son construidos y puestos en órbita por los seres humanos.

La Luna es el astro o cuerpo celeste más cercano a nuestro planeta y su único satélite natural es un cuerpo que se desplaza alrededor de la Tierra.

La Luna refleja la luz que recibe del Sol, por eso podemos verla en las noches despejadas; sin embargo no siempre se ve igual: algunas veces observamos su imagen completa, otras la vemos incompleta e

Telescopio del Observatorio Interamericano ubicado en el Cerro Tololo, Chile

La Luna en cuarto creciente; a la derecha se muestra el gran mar oscuro Crisium.

Primer cuarto de la Luna; se pueden ver montañas y mares lunares.

La Luna

incluso hay noches en que simplemente no la vemos. ¿Por qué la imagen de la Luna cambia? Comenta lo que sabes sobre este tema con tus compañeros y tu maestro.

Movimiento de la Luna

Tierra

Luna

Luna llena
fotografiada desde
el Apolo XI

Las fases de la Luna

Experimenta, observa y analiza.

Materiales
- Pelota de esponja grande
- Pelota de esponja pequeña
- Linterna pequeña
- 50 cm de alambre

Manos a la obra. Formen equipos para trabajar. Estiren el alambre y doblen cada extremo, como se muestra en la ilustración.

Con ayuda de su maestro ensarten la pelota más grande en el tramo corto del alambre (esta pelota representará a la Tierra) y la pelota pequeña en el tramo largo (representará a la Luna). Observen la imagen de abajo.

Enciendan la linterna y coloquen las pelotas frente a ella.

Giren la pelota pequeña alrededor de la grande.

Observen la pelota pequeña desde la pelota grande. ¿Cuánto se ilumina la pelota pequeña?

_____

¿Se puede ver siempre toda la parte iluminada de la pelota pequeña desde la pelota grande?

_____

_____

¿En qué posición la pelota pequeña se ve totalmente iluminada?

_____

¿En qué posiciones se ve parcialmente iluminada? _____

_____

¿En qué posición no se ve iluminada? _____

_____

¿A qué astro representará la linterna?

_____

Luna

Tierra

Luna

Tierra

Alambre

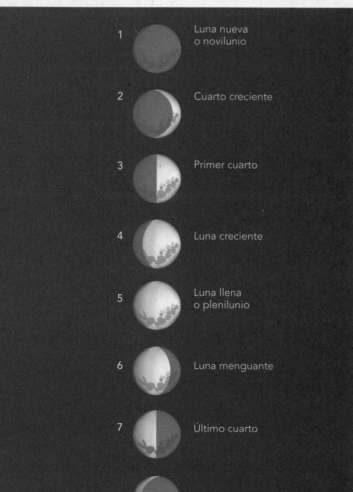

Fases lunares. No podemos
ver las caras de la Luna
opuestas a la Tierra.

1	Luna nueva o novilunio
2	Cuarto creciente
3	Primer cuarto
4	Luna creciente
5	Luna llena o plenilunio
6	Luna menguante
7	Último cuarto
8	Cuarto menguante

En el transcurso de cada mes podemos advertir que la imagen de la Luna presenta variaciones; a estos cambios se les llama **fases de la Luna** y están determinados por la cantidad de luz del Sol que la Luna refleja hacia la Tierra según su posición.

Cuando la Luna se encuentra entre la Tierra y el Sol, sólo su cara opuesta a la Tierra se ilumina (el número 1 en la imagen), por tal motivo nosotros no podemos verla. A esta fase se le conoce como **Luna nueva**.

Transcurridos 7 días aproximadamente, podemos observar una zona muy pequeña de la Luna iluminada (el número 2 en la imagen), la cual cada día se hace mayor. A esta fase se le llama **cuarto creciente**.

Al cabo de una semana, si miramos al cielo veremos que la Luna está totalmente iluminada, es el momento en que nuestro planeta se encuentra entre la Luna y el Sol, por lo que la cara de la Luna visible desde la Tierra recibe la luz solar en su totalidad. A esta fase se conoce como **Luna llena**.

En la cuarta semana, la cara iluminada de la Luna deja de verse paulatinamente, hasta el momento en que se observa sólo una pequeña parte. Esta fase se llama **cuarto menguante**.

Después del cuarto menguante, otra vez es Luna nueva. Como te darás cuenta, las fases de la Luna son cíclicas y consecutivas, es decir, se producen en un mismo orden, desde la Luna nueva hasta el cuarto menguante.

Los movimientos de la Luna

La Luna ejecuta dos movimientos. Uno lo lleva a cabo sobre su propio eje, se llama movimiento de rotación y dura aproximadamente 29 días. El otro lo realiza alrededor de la Tierra, también tarda 29 días y se conoce como movimiento de traslación.

Debido a que la Luna tarda el mismo tiempo en dar una vuelta sobre su eje que en dar una vuelta alrededor de la Tierra, nos presenta siempre una misma cara. También realiza pequeñas oscilaciones que nos permiten apreciar algunas porciones de su cara oculta. Sin embargo, para observar completamente la otra cara de la Luna se tendría que viajar al espacio.

La Luna tarda exactamente 29 días y 12 horas en dar una vuelta completa a la Tierra (movimiento de traslación); a este tiempo se le conoce como lunación.

Consulta en...
http://www.correodelmaestro.com/multimedia/luna/luna.html
(Las fases de la Luna, 2005 - Video)

Movimiento de traslación de la Luna

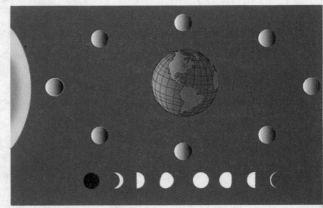

Ruinas del observatorio maya, El Caracol, Chichén Itzá, Yucatán

El conocimiento sobre las fases lunares fue utilizado por algunas culturas antiguas, como la maya, para medir el tiempo y calcular el mejor momento para realizar ciertas actividades o predecir fenómenos naturales; por ejemplo, lo usaban como referencia para saber el momento adecuado para la siembra. En las zonas rurales algunas personas recurren a ese tipo de conocimiento. En ciertas regiones de México se mide el tiempo que dura el embarazo de las mujeres desde el inicio hasta el parto con diez ciclos lunares; ésta es una costumbre muy antigua que ha pasado de padres a hijos.

Ix Chel, diosa de la Luna. Representación en piedra. Museo de sitio Alberto Ruz Lhuillier, Palenque, Chiapas. 14 x 36 cm.

En las culturas mesoamericanas se representaba a la Luna devorada por el Sol (en forma de serpiente).

120 cm

Las culturas antiguas usaban mitos para explicar los fenómenos de la naturaleza; por ejemplo, los mayas asociaron a la Luna con la abundancia o carencia de agua y vegetación; era su diosa del vestido y protectora de las embarazadas y los partos. También la consideraban un símbolo del transcurso del tiempo.

Los mayas construyeron templos dedicados a la Luna en los cuales quedaron plasmadas estas creencias, así como en las ceremonias que realizaban en su honor; también construyeron lugares para su estudio llamados observatorios.

Mitos

Investiga y explica.

Formen equipos para trabajar. Pregunten a las personas mayores del lugar donde viven si conocen algún mito sobre la Luna. También pueden investigar en libros de sus bibliotecas escolar y de aula. Lean el mito ante el grupo. Contesten lo siguiente.

¿Cuál de los mitos que se narraron les gustó más?

_____

¿En el mito se intenta explicar algún fenómeno natural?

_____

¿Esa explicación se relaciona con lo que acaban de aprender acerca de la Luna?

_____

Como conclusión, expliquen en sus cuadernos lo que aprendieron durante el estudio del tema "Las fases de la Luna" y compárenlo con lo que dicen los mitos acerca de este satélite natural.

La ciencia y sus vínculos

La ciencia ha ayudado a incrementar el conocimiento que tenemos de la Luna. Las naves espaciales sólo habían podido tomar fotografías de su superficie, pero en 1969, gracias al avance de la ciencia y la tecnología, los estadounidenses lograron posarse sobre la superficie de la Luna, convirtiéndose en los primeros seres humanos en llegar a ella. En la década de los setenta la Unión Soviética (de la que era parte Rusia) envió un robot (Lunajod-1) a explorar la superficie lunar.

Consulta en...

http://www.comoves.unam.mx/articulo_128_01.html
http://www.inaoep.mx/%7Erincon/
http://www.comoves.unam.mx/articulos/100_volverala_luna/100_volverala_luna.html

El astronauta John Young iza la bandera de Estados Unidos sobre la superficie de la Luna durante la misión Apolo XVI, en abril de 1972.

Lunajod-1, robot lunar

PROYECTO

La importancia de la nutrición y la salud

Durante la realización de este proyecto tendrás oportunidad de aplicar todos los conocimientos que adquiriste, no sólo durante el bloque, sino durante el curso escolar. Para ello, junto con los demás integrantes de tu equipo de trabajo escojan uno de los siguientes temas.

Las pilas contienen materiales altamente dañinos para los seres vivos. Deben desecharse en un lugar seguro. Encuentra u organiza en tu localidad un centro de acopio de pilas.

PROYECTO 1
El cuidado del ambiente

La contaminación del agua, aire y suelo, así como el cuidado de la riqueza natural serán los temas para realizar el proyecto; elijan el que sea de su interés.

Para ayudar al desarrollo de los temas sugeridos pueden responder a las siguientes preguntas.

¿Qué acciones de conservación de la riqueza natural se pueden llevar a la práctica de manera cotidiana en la localidad?

¿Cómo afectan los desechos producidos en la casa y la escuela al ambiente de la localidad?

Un grupo ambientalista reforesta en Puriscal, Costa Rica.

PROYECTO 2
La importancia de la nutrición y la salud

Todas las personas debemos preocuparnos por mantener una buena salud, y un factor importante para ello es adoptar una dieta correcta.

Hace sólo unas décadas, en nuestro país predominaba la creencia de que estar obeso era símbolo de buena salud, por eso las personas no se preocupaban por tener una dieta correcta.

Hoy se sabe que el sobrepeso y la obesidad son factores contrarios a la salud, y que para evitar estos trastornos se debe tener una alimentación adecuada y realizar actividad física.

Para saber cómo planear una dieta correcta puedes consultar el Plato del Bien Comer y la Jarra del Buen Beber (página 35), los cuales muestran la variedad y la cantidad de alimentos que debemos consumir.

Otro de los factores que influyen en una buena salud es la realización de ejercicio físico constante. Ejercicios tan sencillos como caminar, correr o nadar nos ayudan a conservar un peso adecuado, lo cual es importante para mantenernos sanos.

Los temas sugeridos para este proyecto son:

¿Cuál es el aporte nutrimental de los alimentos típicos de nuestra localidad?

¿Qué alimentos de la región y de temporada se pueden aprovechar para elaborar diversas opciones de alimentación en la dieta familiar?

¿Cuál es el aporte nutrimental de los alimentos que se venden en la cooperativa escolar?

Planeación

Decidan cuál de los proyectos realizarán. Recuerden que pueden elegir uno de los temas sugeridos u otro que ustedes sugieran, relacionado con ellos. Piensen qué información necesitarán, en qué lugares investigarán y cómo podrían organizar la información. Asignen tareas a cada miembro del equipo y elaboren un cronograma como los que han realizado en los proyectos de bloques anteriores.

Actividad	Tiempo

Desarrollo

A continuación encontrarán preguntas que les serán útiles para diseñar su proyecto. Antes de realizarlo, preséntenlo a su profesor y juntos reflexionen acerca de las posibilidades de llevarlo a cabo.

PROYECTO 1
El cuidado del ambiente

Las siguientes preguntas pueden ayudarles a desarrollar su proyecto.

¿Cuáles son los problemas ambientales en su localidad?

¿Cuáles son las actividades del lugar donde viven que afectan al ambiente?

¿Cuáles son las riquezas naturales de su localidad?

¿Qué acciones se pueden llevar a cabo para proteger a las especies?

¿Qué relación existe entre los hábitos de consumo y los desechos que se producen en su localidad?

¿Cómo afectan los desechos al ambiente del lugar donde viven?

¿Como pueden reducir los desechos en el hogar, en la escuela y en su comunidad en general?

¿Por qué es importante cuidar el ambiente?

PROYECTO 2
La importancia de la nutrición y la salud

Las siguientes preguntas pueden ayudarles a desarrollar este proyecto:

¿Cuáles son los productos naturales que se producen en el lugar donde viven y a qué grupo de alimentos corresponde cada uno en el Plato del Bien Comer?

¿Qué alimentos de la región y de temporada se pueden aprovechar para diversificar la dieta familiar?

¿Qué tipo de alimentos consumen tanto en la casa, como en la escuela?

¿Cuáles de ellos son saludables y nutritivos?

¿Cuáles alimentos dañan su salud?

Para responder estas preguntas deben investigar en la Biblioteca Escolar, en revistas y sitios de internet. También pueden consultar a algunos adultos que trabajen en el sector de la salud o del deporte.

Redacten un informe de su investigación.

Comunicación

Con la información que recabaron pueden organizar una campaña en la que distribuyan folletos o trípticos con información acerca de la nutrición y la salud, elaborar un periódico mural o escribir un artículo para el periódico escolar, entre otras opciones.

Autoevaluación del proyecto

Es tiempo de que evalúes lo que has aprendido en este proyecto. Lee cada enunciado y marca con una (√) el nivel que hayas logrado alcanzar.

	Sí	No	A veces	¿Cómo puedo mejorar?
Propuse ideas para elaborar el proyecto.	○	○	○	
Ayudé activamente en el desarrollo del proyecto.	○	○	○	
Realicé satisfactoria y puntualmente las tareas que se me asignaron.	○	○	○	
Escuché y respeté la opinión de mis compañeros de equipo acerca del proyecto.	○	○	○	

¿En qué otras situaciones puedo aplicar lo que aprendí en este proyecto?

_____

_____

Evaluación

Pon mucha atención y realiza la siguiente actividad. Escribe la respuesta en el espacio correspondiente. Verifica con tu profesor y grupo que la respuesta sea la adecuada; de ser necesario lee de nuevo la sección del libro donde se encuentra el tema, subraya la respuesta y vuelve a contestar la pregunta.

1. Realiza lo que se te pide:.

a. Con base en lo aprendido en este bloque, indica cómo han cambiado las explicaciones del movimiento de nuestro planeta respecto al Sol.

b. Explica cómo es el movimiento de traslación de nuestro planeta y qué fenómenos produce.

c. Por medio de un dibujo y con base en los movimientos de la Luna y la Tierra, explica cómo sucede un eclipse de Sol.

2. Escribe en las líneas las palabras que completan el párrafo siguiente:

365 días   traslación   rotación   24 horas   refleja   Luna

Durante el movimiento de _____ la Tierra gira sobre sí misma y provoca el día y la noche. Este movimiento tarda aproximadamente _____.

El movimiento de _____ produce las cuatro estaciones del año. Este movimiento se lleva a cabo en aproximadamente _____.

La _____ es el satélite natural de la Tierra. Es un astro que _____ la luz del Sol.

Autoevaluación

Es momento de revisar lo que has aprendido en este bloque. Lee cada enunciado y marca con una (√) el nivel que hayas logrado. Así, podrás reconocer tu desempeño al realizar el trabajo en equipo y de manera personal.

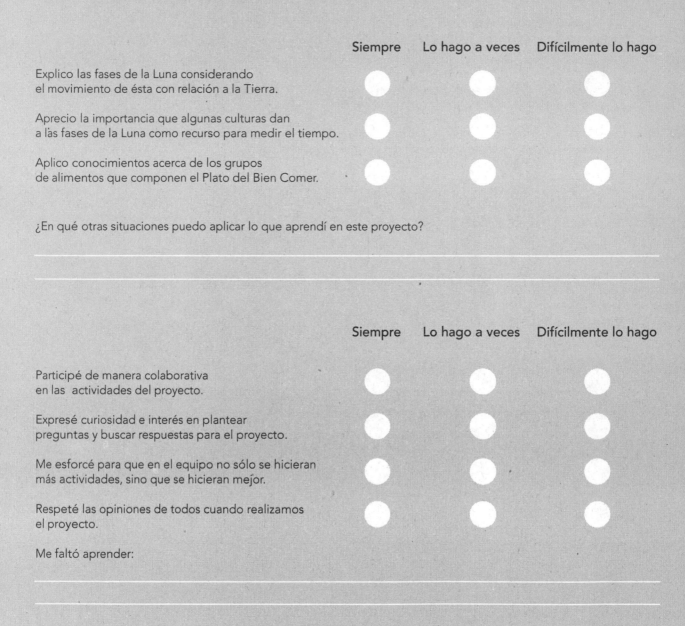

	Siempre	Lo hago a veces	Difícilmente lo hago
Explico las fases de la Luna considerando el movimiento de ésta con relación a la Tierra.	○	○	○
Aprecio la importancia que algunas culturas dan a las fases de la Luna como recurso para medir el tiempo.	○	○	○
Aplico conocimientos acerca de los grupos de alimentos que componen el Plato del Bien Comer.	○	○	○

¿En qué otras situaciones puedo aplicar lo que aprendí en este proyecto?

_____

_____

	Siempre	Lo hago a veces	Difícilmente lo hago
Participé de manera colaborativa en las actividades del proyecto.	○	○	○
Expresé curiosidad e interés en plantear preguntas y buscar respuestas para el proyecto.	○	○	○
Me esforcé para que en el equipo no sólo se hicieran más actividades, sino que se hicieran mejor.	○	○	○
Respeté las opiniones de todos cuando realizamos el proyecto.	○	○	○

Me faltó aprender:

_____

_____

Me propongo mejorar en:

_____

_____

Bibliografía

Alonso, Marcelo y Edward Finn, *Física*, t. 3, México, Addison-Wesley Interamericana, 1995.
Cetto, Ana María, *La luz: en la naturaleza y en el laboratorio*, 3ª ed., México, Fondo de Cultura Económica, 2003.
Claybourne, Anna, *El gran libro del cuerpo humano*, México, Usborne, 2003.
Ganong, William F., *Fisiología médica*, 20ª ed., México, El Manual Moderno, 2005.
Gettys, Edward, Frederick Keller y Malcom Skove, *Física clásica y moderna*, Madrid, McGraw-Hill, 1992.
Hammond, Richard, *¿Sientes la fuerza?*, México, SM Ediciones, 2007.
Hewitt, Paul, *Física conceptual*, 10ª edición, México, Pearson Educación, 2007.
Mader, Sylvia, *Biología*, 9ª ed., China, McGraw-Hill, 2008.
Martínez, Vicent, *Astronomía fundamental*, Valencia, Universidad de Valencia, 2005.
Meiani, Antonella, *El gran libro de los experimentos*, México, SEP-Euroméxico, 2007.
Oster, Ludwig y José Chabás, *Astronomía moderna*, Barcelona, Reverté Editores, 1984.
Parker, Janet y Albertine Kurth, *El atlas del cuerpo humano*, México, SEP-Panamericana, 2007.
Serway, Raymond, *Física*, México, Prentice Hall-Pearson, 2001.
Sisson, Septimus *et al.*, *Anatomía de los animales domésticos*, 5ª ed., Barcelona, Salvat, 1986.
Smith, Alastair, *El gran libro de los experimentos*, México, Usborne, 1996.
Walker, Sally M. y Andy King, *La luz*, México, Ediciones Lerner, 2007.

Referencias de internet

www.ambienteplastico.com
www.conabio.gob.mx
www.giresol.org
www.programacyma.com/documentos/publicaciones/triptico-compost-giresol.pdf
www.semarnat.gob.mx/estados/morelos/Documents/Proyecto%20composta.ppt
www.vistaalmar.es/content/view/578/28
http://www.circuloastronomico.cl/cielo/eclipseluna.html
http://www.semarnat.gob.mx/leyesynormas/normas%20mexicanas%20vigentes/NMX-AA-062-1979.pdf
www.sma.df.gob.mx/educacionambiental/
http://v6yucatan.com.mx/especiales/faunaenextincion/
http://www.stps.gob.mx/ANEXOS/PROPUESTAS_Didacticas.pdf
http:///www.revista.unam.mx/vol.2/num4/sabias1/tipos.html
www.biodiversidad.gob.mx/ninos/paismaravillas.html

Créditos iconográficos

Para la elaboración de este libro se utilizaron fotografías, visualizaciones, diagramas e ilustraciones de las siguientes instituciones y personas:

p. 10-11: sistema óseo femenino © www.TheVisualMD.com; **p. 13:** tórax masculino © www.TheVisualMD.com; **p. 16:** sistema óseo masculino © www.TheVisualMD.com; **p. 18:** (arr.) huesos y músculos de la mano der. © www.TheVisualMD.com; (ab.) cráneo con músculos © www.TheVisualMD.com; **p. 20:** (arr.) músculo esquelético usado en el pateo © www.TheVisualMD.com; **p. 22:** sistema nervioso © www.TheVisualMD.com; **p. 23:** aorta y arterias coronarias © www.TheVisualMD.com; **p. 26:** jóvenes entrenando en escuela rural © Photo Stock; **p. 27:** (arr.) niño en patineta © Photo Stock; (ab.) adulto curando a un niño © Latinstock; **p. 31:** sistema cardiovascular © www.TheVisualMD.com; **p. 33:** corazón y pulmones © www.TheVisualMD.com; **p. 34:** naranja, champiñones, jitomate, frijoles, leche, tortillas; huevos, fotografías de Petra Ediciones; **p. 35:** Plato del Bien Comer © Secretaría de Salud; **pp. 38-39:** Secretaría del Trabajo y Previsión Social; **p. 42:** Río Frío, Tamaulipas, México; fotografía de George Grall © National Geographic Stock; **p. 44:** (arr.) nautilo común (*Nautilus pompilius*) bajo el agua, fotografía © Dmitry Rukhlenko © www.parangaimages. com; (ab.) cría de venado cola blanca, Zoológico Miguel Álvarez del Toro (ZooMAT), Chiapas © Fulvio Eccardi; **p. 45:** (izq.) acercamiento de un caracol, fotografía de Tim Laman © National Geographic Stock; (der.) acercamiento de la cabeza de un helecho gigante, fotografía de Tim Laman © National Geographic Stock; **p. 47:** (arr. izq.) mono araña, ZooMAT, Chiapas © Fulvio Eccardi; (arr. der.) tortuga del desierto en peligro de extinción, Bolsón de Mapimí, Chihuahua © Fulvio Eccardi; **p. 48:** (centro izq.) coatí de nariz blanca (*Nasua narica*) comiendo una cría de cocodrilo, fotografía de Christian Ziegler © Latin Stock; (ab. izq.) abriendo un coco, fotografía de Roy Toft © National Geographic Stock; (der.) atún atlántico gigante presa de una orca, ilustración de Stanley Meltzoff © National Geographic Stock; **p. 49:** (arr.) ramoneo de ganado en el semidesierto, San Luis Potosí © Fulvio Eccardi; (ab.) puma con su presa, fotografía de Norbert Rosing © National Geographic Stock; **p. 50:** orcas saliendo entre las grietas de un canal, fotografía de Norbert Wu © Latin Stock; **p. 51:** (arr.) una orca sube a la superficie a respirar, fotografía de Jason Edwards © National Geographic Stock; (ab.) ballena azul empujando a su cría recién nacida hacia la superficie, ilustración de Larry Foster © National Geographic Stock; **p. 53:** planta de frijol bajo tres condiciones de luz, fotografías de Arturo Curiel; **p. 57:** bosque de pino, Sierra Tarahumara © Fulvio Eccardi; **p. 60:** (arr.) en 1968 los salmones saltaron fuera del agua y murieron, fotografía de Natalie B. Fobes © National Geographic Stock; (ab.) manantial, reserva de la biósfera El Cielo, Tamaulipas © Fulvio Eccardi; **p. 72:** yunque y pluma, fotografía de Guy Grenier © Other Images; **p. 74:** balanza, fotografía de Marc Simon © Other Images; **p. 75:** rocas, Petra Ediciones: fotografía de Víctor Alain Iváñez; **p. 76,** balanza de bules, Petra Ediciones: fotografía de Víctor Alain Iváñez; **p. 77:** cubos de madera y balanza con cubos, Petra Ediciones: fotografías de Víctor Alain Iváñez; **p. 78:** (arr.) mujer pesando alimentos, fotografía de RCS/Alinari Archives Management, © Other Images; (centro) medio kilo de algodón, espinacas y huevo; (ab.) madera y plastilina, Petra Ediciones: fotografías de Víctor Alain Iváñez; **p. 79:** balanza desequilibrada, Petra Ediciones: fotografía de Víctor Alain Iváñez; **p. 80:** balones; materiales sólidos y líquidos, Petra Ediciones: fotografías de Víctor Alain Iváñez; **p. 81:** (ab.) cubo de cartón, Petra Ediciones: fotografía de Víctor Alain Iváñez; **p. 82:** (ab. der.) botes de leche, Petra Ediciones: fotografía de Víctor Alain Iváñez; **p. 83:** globos, Petra Ediciones: fotografía de Víctor Alain Iváñez; **p. 84:** (arr. izq.) matraces, fotografía de Folio © Other Images; (arr. der.) taza medidora y biberón; (ab.) jeringas, Petra Ediciones: fotografías de Víctor Alain Iváñez; **p. 85:** ingredientes, Petra Ediciones: fotografía de Víctor Alain Iváñez; **p. 86:** (der.) taza de té, Petra Ediciones: fotografías de Víctor Alain Iváñez; **p. 87:** (ab.-izq.) hielo, Petra Ediciones: fotografías de Víctor Alain Iváñez; (ab. der.) cafetera © Photo Stock; **p. 88:** termoscopio, fotografía de David Lees © Latinstock; **p. 89:** (arr.) termómetro digital; (ab. izq.) termómetro en agua hirviendo © Latinstock; (ab. der.) termómetro, Petra Ediciones: fotografía de Víctor Alain Iváñez; **p. 91:** (de arr. a ab.) termómetro de grados centígrados; termómetro de carne; termómetro de grados centígrados y Fahrenheit; termómetro industrial, Petra Ediciones: fotografías de Víctor Alain Iváñez; **p. 92:** (arr.) refrigerador © LatinStock; (ab. izq.) refrigerador de laboratorio, fotografía de Working Lab © Other Images; (ab. der.) carne refrigerada, fotografía de Derek Shapton © Other Images; **p. 93:** (arr.) lava caliente fluyendo, fotografía de Marc Moritsch, © National Geographic Stock; (ab.) fragmentos de lava, fotografía de Steve y Donna O'Meara © National Geographic Stock; **p. 95:** (arr.) plastilina, Petra Ediciones: fotografía de Víctor Alain Iváñez; **p. 96:** (centro) limón; exprimidor, Petra Ediciones: fotografías de Víctor Alain Iváñez; **p. 97:** bicicleta; tornillos; pinza; martillo; desarmador, Petra Ediciones: fotografías de Víctor Alain Iváñez; **p. 98:** termómetro de alcohol, Petra Ediciones: fotografías de Víctor Alain Iváñez; **pp. 100-101:** barcos de material de reúso, Petra

Ciencias Naturales. Tercer grado se imprimió
por encargo de la Comisión Nacional
de Libros de Texto Gratuitos,
en los talleres de Litografía Magno Graf, S.A de C.V.,
con domicilio en Calle E No. 6,
Parque Industrial Puebla 2000,
C.P. 72220, Puebla, Pue.,
en el mes de agosto de 2012.
El tiro fue de 2'970,604 ejemplares.

Impreso en papel reciclado

¿Qué opinas de tu libro?

Tu opinión es importante para mejorar este libro de *Ciencias Naturales. Tercer grado*. Marca con una (✓) la respuesta que mejor la exprese.

1. ¿El libro despertó tu interés por las Ciencias Naturales?
   - ○ Sí
   - ○ No

2. ¿El lenguaje utilizado es claro?
   - ○ Siempre
   - ○ Casi siempre
   - ○ A veces

3. Las imágenes te ayudaron a:
   - ○ Comprender mejor la información
   - ○ Desarrollar las actividades

4. ¿Las instrucciones de las actividades fueron claras para ti?
   - ○ Siempre
   - ○ Casi siempre
   - ○ A veces

5. Las actividades te permitieron:
   - ○ Desarrollar habilidades científicas
   - ○ Realizar investigaciones
   - ○ Desarrollar proyectos
   - ○ Comprender tu entorno
   - ○ Proponer acciones para solucionar problemas

6. De los siguientes apartados, ¿cuáles te ayudaron a comprender mejor los temas tratados?
   - ○ Un dato interesante
   - ○ La ciencia y sus vínculos
   - ○ Consulta en...

7. ¿Las páginas electrónicas y los libros sugeridos en el apartado "Consulta en..." te fueron de fácil acceso?
   - ○ Siempre
   - ○ Casi siempre
   - ○ A veces

8. Las evaluaciones y autoevaluaciones te ayudaron a:
   - ○ Valorar lo que aprendiste
   - ○ Reflexionar acerca de la utilidad de tu aprendizaje
   - ○ Identificar los aspectos que necesitabas mejorar

Si tienes sugerencias para el libro, escríbelas a continuación.

_____
_____
_____
_____
_____

SEP

Dɪʀᴇᴄᴄɪᴏ́ɴ Gᴇɴᴇʀᴀʟ ᴅᴇ Mᴀᴛᴇʀɪᴀʟᴇs Eᴅᴜᴄᴀᴛɪᴠᴏs
Dirección de Desarrollo e Innovación de Materiales Educativos
Versalles 49, tercer piso, Col. Juárez,
Delegación Cuauhtémoc,
C.P. 06600, México, D. F.

Datos generales

Entidad: _____

Escuela: _____

Turno: Matutino ☐   Vespertino ☐   Escuela de tiempo completo ☐

Nombre del alumno: _____

Domicilio del alumno: _____

Grado: _____